조직을 이끄는 핵심 리더를 위한 성공전략!

이기는 편 리더십

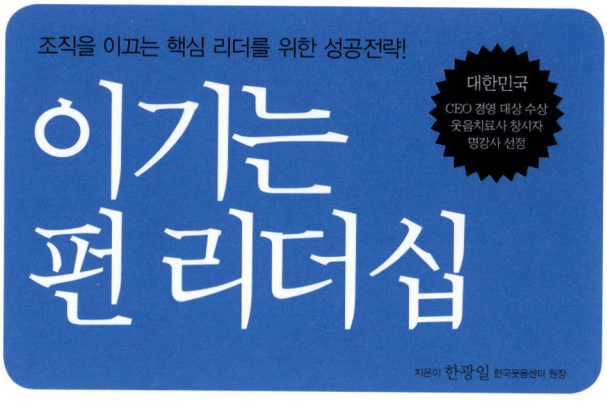

조직을 이끄는 핵심 리더를 위한 성공전략!

대한민국
CEO 경영 대상 수상
웃음치료사 창시자
명강사 선정

이기는
편 리더십

지은이 **한 광 일** 한국웃음센터 원장

Winning Fun
Leadership

MIRAEBOOK

웃음의 마력으로 성공을

성공한 사람들에겐 무언가 특별한 것이 있다. 바로 늘 밝게 웃는 좋은 인상이 그것이다. 그들에게는 인간관계를 부드럽게 해주는 유머감각이 있으며, 어떠한 곤경과 어려움에서도 유머감각으로 이겨내는 불굴의 힘이 있다.

최근 각 기업을 대상으로 조사를 실시한 결과, 유머와 웃음이 넘치는 직원들이 그렇지 않은 직원들보다 훨씬 더 일을 잘하고 주변 사람들과의 호응력이 좋다는 사실이 밝혀졌다. 외국의 기업들은 면접할 때 면접관을 웃겨보라는 테스트가 있을 정도로 이제 유머는 개인의 능력이며 경쟁력이 되었다.

우리나라에도 편fun 바람이 불고 있다. 개인뿐 아니라 각 기업에서도 펀리더, 펀경영으로 업무능률과 실적을 높이고 있으며, 펀마케팅으로 고객을 사로잡는 새로운 바람이 불고 있는 것이다.

펀이란 유머, 장난, 놀이, 재미라는 뜻으로 개인, 가정, 직장 등에서 기왕이면 웃음과 유머로써 행복지수를 높이고, 모든 사람을 즐겁게 함으로써 성공지수를 높이자는 데 그 취지가 있는 용어이다.

즉, 한마디로 편하게 잘 노는 사람이 일도 잘하고, 공부도 잘하고, 실적도 좋다는 얘기다.

재능 있는 사람은 노력하는 사람 못 따라가고, 노력하는 사람은 즐기는 사람 못 따라가고, 즐기는 사람은 미친 사람을 못 따라간다는 말이 있다.

재미를 느끼면 사람은 열정적으로 빠져들기 마련이다. 그래서 모든 일과 사람에게 재미를 부여할 수 있는 컨셉트가 바로 유머감각이라는 공통된 사실에 주목할 필요가 있는 것이다.

내가 처음 웃음치료를 만든 계기는 돈 안 들이고 장소나 대상, 도구 등의 물리적인 제한을 받지 않고 실천할 수 있는 방법, 즉, 남녀노소 누구나 좋아하고, 병도 치료되는 방법이 없을까 해서였다.

지금 대한민국은 웃음, 웃음치료, 펀리더십, 펀경영 열풍에 빠져 있다. 그야말로 웃음이 대표 브랜드, 메가트렌드가 된 것이다.

나는 너무나 행복하다. 그리고 애국하는 길이 특별하지 않다. 웃음과 유머는 원료 없이 공장을 돌리며, 의료비도 30%나 절감시킬 수 있다. 게다가 웃음은 돈이 안 드는 만병통치약이다.

당신은 행복해서 웃는 것이 아니라, 웃기 때문에 행복하다는 사실을 잊으면 안 된다. 당신이 여전히 웃을 수 있다면 당신은 가난하지 않고 행복한 사람이다.

웃음은 최고의 화장법이며, 웃는 사람에게는 밤에도 해가 뜨고, 어떠한 고난도 감수할 수 있는 최고의 에너지이다.

자! 이제 새롭게 출발하자!

우리에게는 열등감보다는 자신감이, 단점보다는 장점이 더 많다는 사실을 깨닫고 감사하자.

그래서 지금부터는 용서하며, 사랑하며, 감사하며, 신뢰하자. 웃음꽃이 사방팔방에서 피게 하고, '하하하' 소리로 대한민국을 진동하게 하자.

한국웃음센터 원장 한광일

차례

머리말

Chapter 1

기업의 펀 리더십

책임은 돈으로 살 수 없다.

—P. F. 드러커

Responsibility Cannot be bought for money.

—peter F. Drucker

펀 리더십이 발전을 약속한다

"각 기업에서는 펀 리더십을 통해 직원과 고객의 마음을 사로잡고 있다. 수직적이고 권위적이던 리더십은 이제 통하지 않는다. 펀 리더십만이 살길이라고 기업들은 절실히 받아들이고 있는 것이다."

펀 리더십이 트렌드다

펀fun하게 잘 노는 사람이 일도 잘한다. 아무리 재주가 많은 사람도 노력하는 사람은 이길 수 없다. 하지만 노력하는 사람도 즐기는 사람 앞에서는 당해낼 재간이 없다. 펀 리더십이 힘을 갖는 이유도 이 때문이다.

최근 삼성경제연구소SERI에서 국내 유명 경영자 627명을 대상으로 설문조사한 결과 'CEO라면 마땅히 즐거움을 주는 엔터테이너가 되어야 한다'는 응답이 89%나 되었다. '개인기를 연마하기 위해 혼자서 연습을 한 적이 있다'고 대답한 사람이 49.9%에 달했고, 회사를 위해서라면 철저히 망가질 수 있다'는 응답도 70.2%에 달했다.

지금 이 시대는 과거의 명령, 권위, 위엄 있는 경영자에서 벗어나 친근하고 편한 CEO를 원한다. '즐거운 직장이 성공'하는 시대인 것이다.

의사들의 가운과 머리카락이 컬러플 해지고, 의사들이 유머 메모를 동시에 처방하는 병원이, 날로 늘어가고 있고, 병원이름도 예를들면 00내과에서 '장편한 내과'로, 노래방은 '돼지가 목청 따는 날' 등 웃기는 상호가 인기를 끌고 있다.

펀 리더십은 간단히 말해 '즐겁게 일하는 동지를 만들자'는 뜻이다. 그동안 우리 사회와 우리 마음을 경영해 오던 것은 무슨 일이든지 '할 수 있다'는 캔can 리더십이었다. 하지만 최근 거기에서 한 발 나아가 좀더 감성적인 펀 경영·펀 리더십으로 바뀌어 가고 있다. 할 수 있다는 능력도 이제는 즐거운 마음과 즐거운 일터에서 비롯된다고 믿는 것이다.

그러나 이 펀 경영 · 펀 리더십을 거창하게 생각할 필요는 없다. 유머감각이 있거나, 잘 웃는 직원이 일을 더 잘하고 그런 사람과 조직이 결국 회사의 매출에 큰 기여를 할 수 있다는 단순한 논리이다. 결국 펀 경영 · 펀 리더십 경영,의 핵심은 웃음과 재미를 통해 즐겁고 신나는 직장 만들기이다.

펀 리더십이 뜬다

'세계 최고의 경영자'라고 찬사를 받아온 잭 웰치의 경영 리더십이 경제지 《포춘》에서 공격을 받고 있다. 무한공간의 무한경쟁 시대에서는 카리스마 있는 CEO보다는 새로운 시장을 개척하는 용기있는 CEO가 필요하고, 우수한 인재보다는 열정을 가진 인재가 회사에 도움이 된다는 것이다.

이젠 리더십도 세상 환경에 따라 적절히 대응하는 용기가 필요하다. 최근 우리나라는 웃음과 펀 경영이 가장 효과적인 리더십으로 인정을 받고 있다.

웃음이 작업능률을 향상시킨다

직원들이 즐겁게 일하면 업무능률이 향상된다. 캐나다의 캐드릭 펜위크 연구소에서는 웃음이 작업능률을 향상시킨다는 보고서에서 직원들에게 15% 사기진작을 꾀하면 40%의 생산력이 증가한다고 발표했다.

웃음은 예산, 도구, 장소 등의 물리적인 조건과 관계 없이 그 파급효과가 가장 큰 것이다. 그러므로 웃음을 통해서 직원끼리 하나 되는 것은 물론이고, 고객을 사로잡는 것은 무엇보다도 따뜻한 마음과 웃는 얼굴이기 때문이다. 결국 웃음은 경영진과 직원, 고객을 하나로 묶어주는 가장 효율적인 도구가 되는 셈이다.

하지만 실제로 직장에서 즐겁게 일을 하기 위해서는 몇 가지 선행되어야 할 조건들이 있다.

우선 그 조직 내의 모든 구성원이 즐거워야 한다. 다시 말해 오너가 즐거워야 하고, 종사자가 즐거워야 하며 서비스업계일 경우, 고객까지 즐거워야 한다. 이렇게 해서 얻어지는 부가가치란 실로 엄청난 것이어서 생산성은 물론이고 경영효과까지 극대화된다. 이 모든 것을 꾀하는 일이 바로 펀 리더십이다.

감성의 극대화를 통해 업무의 극대화까지 동시에 이루는 일, 그것은 경제적이고도 합리적인 경영방법일 뿐만 아니라 각 개인에게는 건강과 행복을, 기업 차원에서는 엄청난 부가가치를 창출하는 일석이조의 방법이 되는 것이다.

펀 리더십으로 즐겁게 일한다

요즈음 일반 회사들은 어느 하루 자율복장을 하고 출근하는 제도를 도입한 곳이 의외로 많아졌는데, 이것은 얼마 전까지만 해도 상상도 할 수 없는 일이었다. 그동안 회사원들이라고 하면 으레 '넥타이 부대'라는 별칭까지 붙여졌었지만, 이제는 복장에도 편하고 즐거운 펀이 도입되고 있는 추세다.

회사원들은 자율복장을 하고 출근을 하게 된 이후부터 경직되어 있던 회사 분위기가 훨씬 부드러워졌다고 느끼며. 분위기가 부드러워졌으니 직원들간의 관계나 커뮤니케이션이 전보다 더 자연스러워 졌음은 두말할 필요도 없다.

예를 들면 두산그룹은 '칭찬합시다'라는 행사를 마련하여 사원 중에 매달 3명을 골라 칭찬 내용을 사보에 싣는다. LG전자나 삼성전자도 이와 비슷한 제도를 도입했다고 한다.

이 제도를 도입한 처음엔 어색하기도 하고 칭찬 내용도 업무와 관련된 것들뿐이거나 동료에 대한 칭찬이 대부분이었지만 시간이 지나면서 조금씩 달라지더라는 것이다.

물론 사내 분위기도 달라졌다. 우선 제일 먼저 눈에 띈 것은 구조조정이다, 임금 삭감이다, 해서 움츠러들었던 어깨가 펴지고, 서로의 눈치를 보느라 긴장과 갈등이 감돌던 직원들 사이에 웃음이 번지기 시작한 것이었다.

회사에서뿐만 아니라 퇴근해서 갖는 회식 자리에서도 비난이나 욕설이 난무했었는데 '칭찬합시다' 운동을 하고 난 이후, 그런 일들이 현저하게 줄었다고 한다. 그대신 서로의 장점을 찾으려고 노력하거나 숨겨진 미덕을 찾으려고 한다는 점이 회사에 긍정적인 결과를 안겨주는 것이다.

그렇게 사람들 마음이 너그러워지고 표정이 밝아지면서 무엇보다 웃음이 많아졌다. 이런 제도의 결과는 마침내 개인적으로는 자신감과 창의력이 향상되었으며, 회사 차원에서는 생산성과 경제효과가 향상되는 일석다조의 효과를 낳았다는 것이다.

특히 직원들은 어떻게 해도 사라지지 않던 조직 내 갈등이 눈에 띄게 줄어들었다는 것을 강조했다.

누군가를 칭찬하고 누군가에게 칭찬받는다는 일은 얼마나 경이롭고 놀라운 효과를 불러오는지 그것은 상상 그 이상의 것임이 틀림없다.

재미있어야 고객이 찾는다

펀 리더십이 가장 부각되는 곳은 아마도 서비스업이 아닐까 싶다. 웃음을 잃지 않고 고객을 대해야 하는 어려움 때문인데 이런 감정노동은 특히 그 어떤 노동보다 힘든 노동이 아닐 수 없다. 사람의 감정은 기계적인 것이 아니기 때문에 억누르는 힘도 그만큼 고도의 자제력을 요구한다. 그래서 많은 기업들이 최근에는 이런 감정노동의 어려움을 타파하여 어떻게 하면 즐거운 마음으로 일할 수 있을까를 연구하고 있다.

실제로 E놀이공원의 경우, 딱딱한 아침 조회시간을 춤추며 하는 조회로 바꾸었더니 고객들에 대한 도우미들의 서비스 정도가 훨씬 좋아졌다고 한다. 이렇듯 서비스업계에서의 펀경영은 더없이 강조되어야 할 항목이다.

펀 리더십은 무조건 웃으라고 강요하는 편이 아니라 건강하고 유쾌한 펀을 위한 감정의 충전을 도모하는 것이 중요하다. 고객이 즐거우려면 그보다 먼저 직원이 즐거워야한다는 원칙을 실천한 아주 좋은 사례이다.

마케팅에도 펀 바람

사람들은 이제 얼마만큼이냐는 양을 따지기 전에 어느 정도이냐는 질을 따져 물으며 먹고, 입고, 일을 하려고 한다. 그것이 이제부터의 트렌드이고 소비성향이다. 이왕이면 즐거움 속에서 먹고 마시고 입고 일을 하려는 사람들의 의식과 의지를 따라잡는 일이 펀 경영의, 펀 마케팅의 큰 관건이다.

탤런트 임채무 씨가 모 축구심판의 흉내를 내며 CF에 나와 화제가 되었다. 광고가 나가자 이전보다 매출이 훨씬 늘었다는 후문이다.

기존의 광고와 마케팅 법이라는 것은 미녀와 미남들의 각축장이었고 간혹 패러디가 등장해서 그나마 코믹한 분위기를 유도했을 뿐, 웃음을 주어서 광고와 홍보 효과를 누리는 일은 거의 없었다. 그러나 요즘은 그렇지 않다. 사람들의 감성을 자극하고 그 감성에 즐거움과 웃음을 선사하는 마케팅이 먹히는 세상이다.

펀 리더십의 목표

펀 리더십의 궁극적인 목적은 행복이다. 개인이든 기업이든 사회든 국가든간에 그 어느 그룹을 막론하고 즐거운 경영을 이루면 곧 행복해지는 것이다. 개인에게는 웰빙 생활과 더불어 창의력, 사회성, 유연성을 가져다주며 그러한 긍정적인 과정들을 통해 자신감과 표현력, 성취감을 이루게 된다. 즉, 펀을 통해 무한한 자기혁신과 자아발전의 밑거름이 된다는 것이다.

이러한 개개인들이 구성하는 가족 및 사회는 보다 더 안정되고 평안한 패밀리 개념으로 성숙해질 것이며, 기업이나 집단, 기관에서는 펀 리더십으로 생산성 향상을 꾀하며 더욱더 긴밀한 친밀감을 조성하는 한편, 각 부서나 팀 간의 굳건한 체계가 형성되고 원활한 의사

소통과 이해관계 덕분에 촘촘하고 튼실한 네트워킹이 이루어 낸다.

종교사회에서도 효과는 마찬가지다. 웃음과 유머로써 맺어지는 관계는 정신적 안정과 유대관계가 더욱 돈독해지는 것은 물론이고 영혼의 안녕까지도 이룰 수 있다.

우리나라 펀의 역사

유럽에서는 사육제 기간 중에 '바보제'라는 축제가 열린다. 우스꽝스러운 복장과 행동으로 사람들을 웃기는 어릿광대들은 유럽 문화 속에서 그 역할을 다 하며 긴 맥을 이어왔다.

그 중에서도 특히 왕과 군주에게 하층민들의 의견을 전달하는 중요하고도 특별한 권한을 가지고 있었다. 상하간의 커뮤니케이션이 그들을 통해 이루어졌던 것이다. 때에 따라선 광대놀이 중에 귀족과 평민의 신분이 바뀌는 놀음도 있었다. 물론 그렇게 해서 이루어진 광대들의 이야기들을 왕과 군주는 모두 귀담아들었다. 그리고 정치와 경제에 반영시켜 왔던 것이다.

유럽 문화와 정치사를 발전시킨 요인들 중에 빠질 수 없는 사람들이 광대들이라는 의견이 나올 법한 대목이기도 하다.

유럽에서 뿐만 아니라 우리나라에서도 이같은 펀 경영 · 펀 리더십 · 펀 정치의 유례는 얼마든지 찾아볼 수 있다.

마을 입구에 세워져 수호신 역할을 해주던 장승도 바로 펀의 정신에서 나온 것인데, 우리나라 농부들은 그것들로부터 새로운 힘을 얻기도 하고 웃음을 선사받기도 했었다.

이밖에도 우리 민족이 웃음을 표현하던 방식은 매우 다양하게 나타나는데 민화나 벽화, 무신도, 장승을 자세히 살펴보면 그 해학과 기지가 모두 웃음에서 비롯된 것이라는 것을 알 수 있다.

당대의 정치나 세태 또는 상류층을 풍자하여 웃음으로 승화시킨 서민들의 재주는 가히 웃음의 미학으로서 최상이라고 하겠다. 이밖에도 우리 민족의 웃음은 뉘앙스와 용도에 따라 익살, 농담, 재담, 해학 풍자 등의 단어로 표현하기도 한다.

고정관념의 속담과 말들

1. 마른 장작이 화력이 좋다.(마른 남자의 정력)

2. 여자 셋이 모이면 접시가 깨진다.(수다가 많다고 생각)

3. 여자와 북어는 3일에 한 번씩 패야 한다.(남존여비의 사고방식)

4. 남자가 부엌에 들어가면 거시기가 떨어진다.

5. 낮에 불놀이 하면 밤에 오줌 싼다.

6. 키 크면 싱겁고, 키 작으면 야무지다.

7. 거울이 깨지면 이별수가 있다.

8. 눈이 크면 겁이 많고 정이 많다.

9. 뒤통수가 크면 공부 잘한다.

10. 손이 차면 마음이 따뜻하다.

11. 귀가 크면 오래 산다.

12. 코 큰놈 거시기도 크다.

13. 곱슬머리와는 상종도 하지 말아라.(성질 나쁘다는 뜻)

14. 새끼손가락이 짧으면 자식 복이 없다.

15. 손이 크면 부자된다.

16. 대머리는 공짜를 좋아한다.

17. 어린이와 동물 좋아하는 사람은 다 선하다

18. 개똥을 밟으면 재수가 없다.

19. 비둘기똥을 맞으면 친구와 싸우게 된다.

20. 까치가 울면 손님이 온다.

21. 돈이면 뭐든지 다 할 수 있다.

22. 남녀칠세 부동석

23. 남자 할일 여자 할일은 따로 있다.(부엌일은 여자가, 밖의 일은 남자가)

24. 평발은 운동을 못한다.

25. 평발은 군대도 못간다.

26. 최씨는 고집이 세다.

펀 경영 · 펀 리더십의 필요성

"인간의 욕구 중에는 쾌락의 욕구가 있다. 재미있어지고자 하는 욕심 말이다.
우리 인간이 호모루덴스(Homo ludens : 노는 인간)이기 때문이다."

산업이 발달하고 그에 따른 정보화와 글로벌화가 하루가 다르게
확산되면서 젊은 세대를 중심으로 남의 눈을 의식하지 않고 자신의
존재가치를 인식하려는 성향이 점점 두드러지기 시작하면서 이러한
경향은 더욱 두드러졌다.

이 과정에서 보다 재미있고 즐거운 문화와 컨텐츠, 상품을 선택하
려는 기준도 생겨났다. 더 나아가 재미있으면서도 경제력을 갖춘 직
업의 선호도 현상까지 나타나고 있다. 그러므로 이제는 얼마를 버
느냐보다는 어떻게 재미있게 버느냐가 관건이 되는 직업관이 생기
게 되었다.

이러한 현상은 비단 신세대들의 취향만은 아니어서 기성세대들의
펀 움직임도 다양하게 전개되고 있다. 미국의 경영컨설턴트로 유명
한 톰 피터스는 임원 교육을 실시하면서 그 프로그램 속에 이론가나

전문가들뿐만 아니라 여러 방면의 예술가들을 초빙하라는 충고를 했다. 그들에게서 얻을 수 있는 시너지 효과를 의식한 것이다.

이제는 더 이상 엄숙하고 근엄한 CEO가 성공하는 시대가 아니다. 신나고 재미있게 일을 할 것을 주문하는 펀리더가 성공할 수 있는 시대이다.

펀의 궁극적인 목표는 행복

일본 굴지의 그룹 혼다는 '신나고 재미있게 일하자'라는 펀 경영 개념을 기업에 접목시켜 커다란 성과를 거두었다. 일을 작업과 직업으로써 받아들이기 전에 즐거움과 재미로 받아들이자는 이러한 취지는 워크테인먼트worktainment의 개념으로 발전되고 있다.

신나고 재미있게 일하는 것은 분명 행복한 일일 수밖에 없다. 인간의 행복과 관련된 단어들은 칭찬, 아름다움, 희망, 꿈 등 아주 다양하다. 그 단어들 속에 '일하기'를 집어놓는 노력, 그 과정이 바로 펀 리더십에서 출발한 펀 경영이다.

인재관리 전문기업인 HR Korea가 중견기업 인사담당자 78명을 대상으로 직장인의 행복을 위한 제도를 알아보는 설문조사를 실시했는데, 그 중 가장 많은 사람들이(44.9%) 동아리 활동을 꼽았고, 그 다음이 바로 칭찬과 격려 제도(17.9%)를 가장 많이 활용하고 있는 것으로 조사되었다.

이러한 펀 리더십이 사내 대인관계 강화로 이어지고, 이는 곧 업무 협조 효과로 나타났다고 대답하는 사람들이 33.3%였으며, 조직 내 직원 사기 진작으로 업무 의욕이 강화된다는 의견도 24.4%를 차지했다고 한다.

편의 궁극적인 목표는 행복이다. 행복 경영은 조직 내에서 시작되고, 그것이 사회 전체에 확산될 때 그것은 곧 국가행복으로 발전되는 것이다.

발전의 다른 이름, 변화

편 리더십이 필요한 것은 발전하기 위해서이고, 발전은 변화를 전제조건으로 진화한다. 그러므로 변화를 추구하지 않는 리더십은 죽은 리더십이다.

사람들에게는 변화를 두려워하는 심리가 있다. '현실 안주의 편함'을 알기 때문이다. 참으로 '달콤한 독약'이다. 우리만 그러는 것이 아니다.

서양의 격언에 '늙은 말에게 새로운 재주를 가르칠 수 없다' 는 말이 있다. 여기에서 '맞아! 그렇겠지' 하고 쉽게 수긍해버리는 사람은 미안한 말이지만 장래가 시꺼먼, 빨리 떠나야 할 사람이라고 할 수밖에 없다. '왜 안될까? 조건과 방식을 바꾼다면……?' 하고 생각하는 사람은 '된 사람'이다. 성공 가능성이 99%다.

변화하려면 수반되는 조건들이 귀찮게도 많다. 고통, 인내심, 노력, 불확실성에 대한 불안감 등등. 그러나 흔히 쓰는 비유로 달걀이 껍질을 깨는 고통을 회피한다면, 뱀이 허물을 벗어내는 노력을 귀찮아 한다면 그 결과는 뻔하다.

변화가 편하고 쉬운 일은 아니다. 그러나 분명 도전해 볼 만한 가치가 있고, 흥분되는 일이다. 게다가 성공만 한다면 자기의 삶이 한층 더 업그레이되고, 자기를 기둥으로 삼고 있는 가족들에게, 조직의 구성원들에게, 국가와 민족에게 기쁨을 줄 수 있다. 이것이 변화의 열매이고, 미학이다. 변화하지 않는 사람은 미래가 없다.

펀 리더십의 효과

"펀 리더십으로 경영의 극대화를 꾀한다는 사실은 이제 모든 기업들에게 일반화되어 있는 사실이지만, 어떤 프로그램을 개발할 것인가에 대해서는 아직도 치열한 경쟁 속에 있다."

펀 리더십은 집중력을 향상시킨다

잘 놀 줄 아는 사람이 일도 잘하는 법이다. 여기서 잘 논다는 의미는 그저 하는 일 없이 빈둥대며 이 일 저 일 집적거린다는 의미가 아니라 노는 경영에 있어 뛰어나다는 의미다. 그래서 펀 리더란 아주 재미있고 신나게 놀면서 생산성과 경제력은 향상시키고, 남에게도 즐거움을 선사하는 그런 사람을 일컫는다.

펀 리더십은 그렇게 거창하고 대단한 일이 아니다. 즐겁게 일하고 그 속에서 그만큼의 값진 성과를 끌어올리면 되는 것이다. 유쾌하게 일하면 집중력이 훨씬 더 증가된다.

집중력이 증가되면 업무의 성과가 증가되고, 그렇게 되면 행복지수가 높아진다. 이것은 따져볼 것도 없이 너무나 자명한 결과인 것이다.

'열심히 일한 당신 떠나라', 라는 광고 카피처럼 열심히 일한 사람에겐 휴식도 그냥 휴식이 아니다. 그것은 열정과 열심에 대한 보상이고 대가이며, 재생산의 원천이다.

펀 리더십은 사람을 변화시킨다

세상은 우리를 가만 놓아두지 않고 자꾸 변하라고 주문한다. 첨단기기나 장비들을 이해하고 받아들이는 시간을 재촉하고, 다시 또 새로운 장비와 기기 도입을 종용하기도 한다.

그것은 어쩌면 급변하는 사회 속에서 너무나 당연한 일인지도 모른다. 그리고 우리는 그런 세상에 순응하며 첨단과학을 고마워하기까지 한다. 말하자면 고인 물은 썩는 것이니 썩지 않으려면 빨리 빨리 어디론가 흡수되든가, 흘러들어야 하는 것이다. 하지만 이것도 쉬운 문제는 아니다. 제대로 흡수되어야 하고 제대로 흘러들어야 하기 때문이다. 행여 길이라도 잘못 들면 낭패도 그런 낭패가 없기 때문이다.

사람이 제대로 변하는 일, 그것은 어쩌면 쉬운 일일 수도 있고, 반대로 어려운 일일 수도 있다. 하지만 그 시대의 트렌드에 따라 변화되는 일은 누구에게나 필요불가결한 일이 아닐 수 없다. 왜냐하면 시대에 뒤떨어진 사람이 다른 사람을 리드할 수 없고, 또한 개인의 성공을 이룩하기 어렵기 때문이다.

펀 리더십의 일환으로 사내에서 실시하는 댄스동아리의 회원으로 활동하고 있는 K과장은 전에 비해 훨씬 마음이 여유로워졌다고 고백

한다. 과도한 스트레스와 업무 때문에 동료들간의 잦은 갈등도 전보다 많이 해소되고, 예술을 하고 있다는 자부심이 생겨 행동도 조심스러워졌다고 한다. 물론 웃는 일도 훨씬 많아졌고 그 시간을 위해 회사일은 더욱 더 열심히 하고 있다고 한다.

이런 것이다. 펀 리더십은 우리 일상생활 속에서 편하게 즐기고, 편하게 일하고, 편하게 대화하고, 편하게 살 수 있게 도와주는 일이다. 그러니까 그것은 분명 사람을 발전적으로 변하게 하는 고마운 바이러스이다.

펀 리더십은 윈윈win – win을 꾀할 수 있다

W건설의 경우, 펀 경영으로 윈윈을 이룬 대표적인 기업이다. 이 회사의 경영방침은 '웃음 경영'이라고 한다. 직원들이 즐거워야 일터

가 즐거워지고, 일터가 즐거워야 기업 전체가 즐겁게 성장한다는 지론을 내세운다. 특히 월례조회 시간에 연설하고 마냥 듣고 있기만 하던 기존의 조회방식을 탈피해 춤과 노래를 배우고 개그맨을 초청해 웃으며 시작하는 방식을 택했다.

이 같은 방식은 거의 십년 전부터 이루어진 것으로 그동안 이곳을 다녀간 예술인과 유명인사만 해도 상당수라고 한다. 간혹 직원들의 장기자랑 시간도 있다니 그야말로 즐거운 일터가 아닐 수 없다.

이 회사의 S부회장은 리더십 중에서도 독특한 펀 리더십으로 주도해 좋은 반응을 얻고 있다고 한다. 그것은 바로 독서인데 매달 책 한 권씩을 직원들에게 나누어 주고, 독후감을 써내는 방식으로 서로간의 교감과 커뮤니케이션을 시도하고 있다는 것이다. 물론 권유하는 책도 소설, 시집, 화보 등 그 종류가 다양하다고 한다.

이렇듯 독서도 일종의 펀 경영이고, 펀 리더십이다. 직원들이 즐거워하고 업무의 효율성이 증대된다면 당연히 펀의 하나로 보면 된다. 이 회사에서는 움직이며 일을 하는 직원들에게 오히려 정적인 시각을 갖는 기회를 주기 위해 독서를 택한 것인데, 말하자면 상대방의 입장에서 사물을 바라보는 능력을 키우기 위해 독서를 권고한다는 것이다.

펀은 두말 할 것도 없이 웃으며 즐겁게 일을 하자는 목표이며, 취지이다. 그러나 방법에 있어서는 어떤 장르이건 상관이 없다.

서로의 생각을 알 수 있고, 공유할 수 있으며 나아가 회사의 비전도 구상해 낼 수 있다는 장점을 가질 수 있다면 더할 나위 없이 훌륭한 펀 경영이고, 펀 리더십이라 할 수 있다.

펀 리더십은 갈등을 해소한다

펀 리더십은 이제 어느 한 분야, 한 나라만이 아니라 전 세계적인 트렌드가 되었다. 이런 상상을 한번 해보자.

당신은 아침마다 잠자리에서 일어나 출근을 해야 하지만 조금 더 자고 싶고, 그런 생각에 잠겨 있다보니 회사에 가기가 싫어지는 것이다. 어차피 그것은 나의 직업이고 일터이니 꼭 나가야 한다는 의무감에서라면 충분히 그러고도 남을 것이다.

그러면 생각을 바꾸어 그 반대의 경우를 상상해 보자.

당신의 일터는 직장 동료들간에도 화기애애한 분위기인데다가 당신의 능력과 즐거움을 한층 더 배가시켜 주는 일터이다. 그렇다면 당신의 아침이 위의 경우와 어떻게 달라지겠는가?

어차피 이 세상은 사람과 사람이 부딪치며 사는 세상이다. 즉, 사람과 사람 사이가 어그러지면 갈등이 조장되고 급기야는 불협화음이 생긴다는 얘기다. 같이 일하는 사람들이 즐겁지 않으면 그 일터가 즐겁지 않고, 일터가 즐겁지 않으면 결국 일터에 나가는 것조차 싫어지는 것이다.

노사문제의 해결점

노사 문제도 이런 맥락과 똑같다. 노사간에 벌어지는 갖가지 문제를 화합의 차원에서 해결할 수 있는 것이 바로 펀경영이다. 노사간의 펀경영의 방법으로는 보다 더 역동적인 대화, 능력별 평가와 보상, 신뢰와 화합이 주가 되는 동호회 활성화 등이 있다.

실제로 S반도체의 경우, 열린 경영이라는 슬로건을 내걸고 여러 가지 이벤트와 온오프라인을 동원해 노사간의 화합을 꾀하고 있다. 이러한 노력 가운데 가장 주안점을 두는 것은 역시 커뮤니케이션의 강화라고 한다.

또 롯데캐논의 경우, 그동안 단순조립식으로 운용하던 106m나 되는 컨베이어를 뜯어내고 한 사람이 완제품을 조립하고 난 후 10여명이 U자형으로 선 채 일한다. 이렇게 하다 보니 졸리지도 않고 함께 일하는 재미가 있어 그 생산성이 증가하고 있다고 한다.

기업의 최고 고객은 바로 함께 일하고 있는 직원들이다. 직원들이 만족해야 고객 또한 만족할 수 있다. 그러므로 고객을 섬기듯이 직원들을 섬기면 그 회사는 성공할 수밖에 없다.

깊은 신뢰를 통하여 일에 대한 자부심을 갖고 일하는 재미가 있으면 그 기업이 원하는 무엇이든지 가능하지 않을까?

웃음과 사람별 유형

① 남자 웃음

킥킥킥 – 호기심이 강하며, 변덕이 심한 웃음

하하하 – 주변상황에 관계없이 호탕하게 웃는 웃음

히히히 – 장난끼가 담겨있고, 불안한 마음으로 비판적, 냉소적인 웃음

킬킬킬 – 싫은 일을 웃음으로 감추고 있으며 자신없는 웃음

우하하 – 활동력은 넘치나 위압감과 지배력이 강한 웃음

냐하하 – 자신의 속마음까지 보여주려는 솔직하며 착한 웃음

푸하하 – 하하하,와 같은 수준의 웃음

케케케 – 변태적 기질이 있는 웃음

킥킥킥 – 장난꾸러기가 같은 웃음

흐흐흐 – 남에게 해를 줄 수 있는 이중인격자의 웃음

호호호 – 여성의 정체성이 강한 남자로 주관이 없는 웃음

헤헤헤 – 남의 말을 잘들어주는 속이 빈 남자의 웃음

② 여자 웃음

하하하 – 과도한 활동력과 자신이 넘치는 남성의 정체성이 보이는 웃음

키키키 – 소극적이나 애교 넘치고 귀여운 타입의 웃음

호호호 – 여성적이나 내숭쟁이며 불여우라고 할 수 있는 웃음

쿠쿠쿠 – 이런 여자는 아주 귀엽고 생기발랄하고 활동적인 웃음

히히히 – 남자를 약을 올리는 말괄량이 타입의 웃음

우하하 – 남자같이 과격한 웃음

③ 영어 웃음

인기가수 웃음 – 싱굿 싱굿 Sing good sing good

원로 가수 웃음 – 생긋 생긋 Sang good sang good

남자 댄스 웃음 – 헤벌레 He ballet

여자 댄스 웃음 – 허벌레 Her ballet

색마 웃음 – 걸걸걸 Girl girl girl

살인마 웃음 – 킬킬킬 Kill kill kill

요리사 웃음 – 쿡쿡쿡 Cook cook cook

남자 바람둥이 웃음 – 허허허 Her her her

여자 바람둥이 웃음 – 히히히 He he he

축구선수 웃음 – 킥킥킥 Kick kick kick

수사반장 웃음 – 후후후 Who who who

어린이 웃음 – 키득키득 Kid ～ kid

악마 웃음 – 헬헬렐 Hell hell hell

화장실 청소부 비웃음 – 피싯 Pee shit～

똥개 웃음 – 풉풉풉 Poop poop poop

웃는 얼굴에 침 못뱉는다 – 스마일 페이스

펀 경 영 성공 사례

> "기업체뿐 아니라 정계나 각 공공기관 및 학교, 사회단체 등 이제는 사람들이 모이는 어떤 곳이든 펀경영을 찾고 있는 추세다. 즐겁게 일하고 능률을 높이며 개인의 행복을 추구한다는 생각이 맞아떨어지고 있기 때문이다."

경제잡지 《포춘》지가 매년 실시하는 설문조사에 '미국에서 가장 일하기 좋은 100대 기업'이 있다. 거기에 선정된 100개 기업들은 한결같은 공통점이 있는데, 바로 직원들이 직장에서 즐거움과 재미를 느끼고 또 존중받는다는 것이다.

즐겁고 재미난 직장에서 존중받으며 일하는 것, 그것이 바로 펀경영이 추구하는 목적이다.

언뜻 생각하면 이 조건들은 모두 직원들을 위한 조건 같아 보이지만 실상은 기업 전체를 위한 조건들이기도 한 것이다. 이러한 조건들이 만족되는 곳이라면 언제 어디서나 또 어떤 영역에서나 펀경영이 가능해진다.

공공기관에서도 펀 바람이

심지어는 펀의 이미지와는 전혀 어울릴 것 같지 않은 공공기관에서까지 펀 바람이 불고 있다. 예컨대 안성시청에서는 점심시간과 퇴근 시간을 이용해 공무원들이 족구시합을 하는데, 이를 통해 그동안 딱딱했던 직장 분위기가 훨씬 부드러워졌다고 한다.

이렇게 공공기관들의 펀 리더십은 기업들의 펀 리더십을 벤치마킹한 것으로, 유쾌한 분위기 속에서 행정서비스를 제공하겠다는 취지이다. 앞으로도 이런 펀 분위기는 더욱 확산되어 계속 다양한 프로그램들이 개발될 전망이다.

정치에서도 펀 도입

정계에서도 요즘 심상치 않은 바람이 불고 있다. 아직은 미비한 수준의 약한 바람이지만 어찌되었건 다름 아닌 펀 바람이다.

예컨대 중앙인사위원회 권 모 사무관은 정부혁신 관련 워크숍에서 동료나 친구에게 선보이기 위해서 마술을 배우고 있다고 한다.

그는 "마술을 보고 배우면서 예전과는 다른 시각으로 정부혁신을 바라보게 됐으며, 논리적 사고와 팀워크, 문제해결 능력 등의 중요성을 새삼 깨닫게 됐다"고 말한다.

이처럼 펀은 개인에게는 부드럽고 유연한 사고를 일깨워 주며, 대인관계를 원활하게 해주고, 나아가 팀이나 조직 전체의 능률을 향상시키는 역할을 하는 것이다.

공무원들도 펀 실천

공무원 교육에도 펀 바람이 불고 있다. 다양한 음악이나 춤, 마술, 카드게임, 연극 등을 통한 교육프로그램이 지방자치단체를 중심으로 이루어지고 있으며, 뿐만 아니라 공무원들을 위한 해외연수, 국토순례 등을 기획, 실천함으로써 팀워크나 리더십의 레벨 업을 시도하고 있다.

특히 펀행정의 모범이 되는 곳은 동래구청의 '찾아가는 민원 서비스'와 해운대구청의 '펀 행정'이 그것이다.

이렇듯 각 지방자치단체에서는 펀행정을 위한 아이디어 발굴을 하는가 하면 직원 호프 데이를 만들고 매주 한차례씩 가족과 함께 시간을 보내는 '가족 데이'를 운영하는 구청도 있다. 이러한 움직임은 기업들의 성과를 보고 도입한 것으로 행정전략에 많은 도움이 된다고 한다.

펀 리더십의 성공사례

미국에서부터 시작해 전세계적으로 확산된 펀은 이제 필수 리더십 트렌드로 자리잡아 가고 있다. 물론 이렇게까지 된 데에는 사우스웨스트 항공사의 허브 켈러허 회장의 덕이 컸다.

켈러허 회장은 미국에서 가장 웃기는 자로 불릴 정도로 유머 경영 혹은 펀 리더십을 중시했다. 그는 "유머는 조직의 화합을 위한 촉매제이고, 일은 즐거워야 한다"고 강조했다.

그는 점잖은 오찬 석상에 엘비스 프레슬리 복장으로 나타나기, 청바지 입고 이사회 참석하기, 토끼 분장을 하고 출근길 직원들 놀라게 하기 등 무수히 많은 사례를 남겼다. 그에게서 경영자의 근엄한 권위는 찾아볼 수 없다. 그의 펀 리더십은 펀 마케팅으로 이어져, 고객에 대해서도 유머러스한 화술로 인기를 끌었다. 예컨대 "흡연을 원하는 승객께서는 문 밖에 나가 날개 위에서 피워 주시기 바랍니다"라고 하는 등 고객들을 즐겁게 해주는 데 익숙했다.

켈러허 회장이 펀 리더십으로 얻으려 한 것은 고객의 마음이었다. 그는 내면에서부터 기쁘고 즐거운 마음으로 일할 수 있는 기업만이 초일류 기업으로 성장할 수 있다고 확신했다.

과연 그의 예측대로 펀 리더십은 놀라운 효과를 가져다주어 30년 평균 주가 수익률 1위, 세계에서 가장 존경받는 기업 2위 등 수많은 찬사를 받는 성공을 이루어 냈다.

우리나라의 펀 경영 · 펀 리더십의 사례

삼성 SDI 역시 펀 경영 · 펀 리더십의 모범적 사례로 꼽을 수 있는 기업이다. 특히 김순택 사장의 유머감각은 유명하다. 신입사원들의 부모에게 친 자식처럼 돌볼 것이니 염려 말라는 당부의 메시지를 보내 한동안 화제가 되기도 했었다.

이제 경영자는 수직선상의 위에서 직원들을 내려다보는 위치가 아니라, 좀더 가까이 그들의 눈높이로 다가가는 친근한 존재라는 것을 보여준 실례이다.

오리온의 경우는, 매주 수요일 직원들이 한복에서 캐주얼까지 개성을 표현할 수 있는 '맵시 데이'를 실시하고 있다. 개성을 잘 표현하는 사원은 매주 두 명씩 온라인 투표를 통해 선발되고, 연말에는 베스트 드레서를 선정, 해외여행 상품권을 지급한다.

또 고객들의 마음을 사로잡기 위하여 이른바 '펀 스테이션'을 마련

하여, 색다른 방법의 홍보 효과를 거두고 있다. 이 회사의 옥상에 오락기나 만화, 대형 스크린을 설치해 고객들의 스트레스도 풀어주고 재미도 더해주는 공간을 마련한 것이다.

이곳에서 회사 직원들과 임원들은 밀레오레나 텐트바 같은 행사를 통해 직접 고객들의 문화와 유행 코드를 접하게 된다고 한다. 오리온은 고객의 즐거움을 위해 스스로 즐거워지는 펀 리더십을 몸소 실천하고 있는 것이다.

SK 텔레콤은 'Fun Ergizer'프로그램으로 직원 가족들을 위해서 회사소개, 호텔 휴양, 웃음치료, 기공체조, 영상편지 등으로 회사와 가족과의 일체감을 조성하고 있다.

현대삼호중공업은 'BEST 일터 만들기' 운동 일환으로 각 부서 내 밝은 분위기 조성을 위한 활기 프로듀서 과정을 실시하고 있다.

우리은행은 각 지점마다 한 명씩 웃음리더십 교육을 실시하고 있으며, 레크리에이션 강사 자격증을 취득할 수 있도록 하고 있다.

대우조선해양의 경우, 기술본부 34개팀에는 팀장 외에도 또 하나의 리더가 있다. 즉, '펀 리더Fun Leader'이다. 펀 & 프라이드, 학습문화, 근무환경 개선, 사회봉사 등 4가지 실천부문으로 나누어 모두 294개 조직에서 참여, 607건의 대규모 이벤트를 진행한다.

LG전자는 '1등답게, 재미있게, LG답게'라는 슬로건을 내걸며 발빠르게 펀 리더십을 도입했다. LG전자의 펀데이들은 그 이름도 독특하고 영역 또한 재미있어서 벤치마킹을 해도 괜찮을 듯싶다.

매월 셋째 주를 '스트레스 제로 데이'로 정해 숫자판에 화살을 던져서 나온 5자리 숫자와 사번 5자리 숫자가 일치하는 사원에게 포상으로 휴가와 상품권을 주는 '펀데이', 무작위 e메일을 보내 지령을 내리는 '미션 임파서블'. '신규입사 케어링Caring 프로그램', 직월들간의 친목을 도모하기 위해 만들어진 '알까기 최강전' 등으로 직원들의 사기와 재미를 더해주고 있다고 한다.

그밖에도 네오위즈는 '씨네비어데이(영화관람 후 맥주파티)'를 실시해 여러 개의 동호회를 지원하고 있으며 '펀리더십'에 '감성경영'을 복합시키고 있다.

모토로라의 경우, 사내에서 부르는 직함의 존칭을 생략하고 간단한 영어이름을 부른다. 이른바 '호칭 파괴'라는 것으로 상하간에 부드러운 인간관계를 조성하고, 편안한 분위기를 조성하기 위함이다.

주식회사 신영 의 주간 회의는 차장급 이상 임직원들의 제비 뽑기로 시작된다. 연공서열과 직급에 따라 앉는 대신 제비뽑기로 자리를 배치하는 것이다. 이 역시 펀경영의 일환이라고 볼 수 있다.

우리가 알지 못했던 사실

- 사람이 혓바닥으로 자신의 팔꿈치를 핥는건 불가능하다
- 악어는 자신의 혀를 내밀 수 없다
- 새우의 심장은 머리 안에 있다
- 돼지는 하늘을 볼 수 없다
- 세계인구의 50%가 넘는 사람들이 여태껏 한번도 전화를 받거나 걸어 본 적이 없다
- 쥐랑 말은 토를 못한다
- "Sixth sick sheik's sixth sheep's sick" 란 문장은 영어 문장중에 가장 발음하기 힘든 문장이다
- 재채기를 너무 세게하면 갈비뼈가 부러질 수도 있다. 그러나 그 재채기를 참으려고 하면 목이나 머리에 있는 혈관이 터져서 죽을 수 있다. 그리고 재채기를 할 때 억지로 눈을 뜨려고 하면 눈~알이 빠질 수 있다
- 한 시간동안 헤드폰을 끼고 있으면 자신의 귀에 있는 박테리아의 수가 무려 700배나 증가한다.
- 데이트 상대를 찾는 광고를 내는 사람들 중에 35%가 기혼자이다
- 자신이 평생동안 자면서 자신도 모르게 70여종의 벌레들과 10마리의 거미를 먹는다고 한다
- 거의 모든 립스틱의 성분에 생선비늘이 들어간다
- 고양이의 소변은 야광이다

Chapter 2

개인의 펀 리더십

훌륭한 의사 소통은 설탕을 타지 않은
커피처럼 자극적이며 후에 잠들기 어렵다.
—A. M. 린드버그

Good Communication is stimulationg as black coffee,
and just as hard to sleep after.
—Anne. Morrow Lindberg

펀으로 나를 살리자

"이제 유머감각은 자신의 개성을 표출하고 인기를 모으는 가장 좋은 아이템으로 부상하였다. 젊은 여성들은 유머감각이 있는 남성을 선호하며, 기업에서는 면접에서 유머감각이 있는지의 여부를 테스트하는 시대가 되었다."

웃음은 개인에게는 몸과 마음, 정신, 환경의 역기능을 치료하고, 사회적으로는 사회병리현상을, 가족과 종교에게는 행복과 평안, 학교에게는 수업 집중력 향상을 위해서, 기업에게는 펀 리더십으로 직원들의 사기를 위해서, 병원과 복지시설에서는 예방과 치료를 위해서 반드시 필요하다.

80세 어른의 인생을 회고하여 보았더니 잠자는 데 26년, 일하는 데 21년, 식사하는 데 6년, 기다리는 데 6년이었던 데 반해, 웃는 데 시간을 보낸 것은 겨우 10일(1일 30초 가정)이라는 조사결과가 있었다.

흔히 인간은 감정을 가진 동물이라고 한다. 이 말은 모든 감정을 골고루 발산하고 산다는 뜻으로서 희노애락애오욕喜怒哀樂愛惡慾의 일곱 가지 감정을 고루 느끼며 발산하고 살아야 하는 것이 자연의 섭

리요, 이치인 것이다.

그런데 정작 그 감정들 가운데 우리가 가장 취약한 부분은 바로 웃는 감정이다. 기쁘고 즐거운 일로 인해 저절로 미소가 지어지고 밝은 표정이 되며 마음으로부터 우러나는 웃음이야말로 그 어떤 감정보다 필요한 에너지가 아닐까? 그런데 일상생활에서 우리가 평소 울고 화내고 찡그리고 무감각하게 사는 시간에 비해 웃는 시간을 얼마나 되는가 한번 진지하게 생각해 볼 일이다.

웃음은 장수의 비결

미국에서 10년간 100세 이상 노인들의 장수비결을 연구한 결과 3가지로 판명되었다. 그것은 긍정적인 사고, 신앙심, 봉사정신이었다. 자주 웃으려면 항상 감사하는 마음을 가져야 한다. 얼마전까지 세계에서 최장수자는 에콰도르에 거주하는 116세의 할머니이다.

이 할머니의 장수 비결은 매일 살아 있다는 것에 감사기도를 올리는 것이라고 한다. 늘 긍정적이고 낙천적인 성품을 지닌 것이 장수에 도움이 된 것이다.

오래 전 삼풍백화점 사고로 수백 명이 운명을 달리했지만 최종적으로 젊은 청년 3명이 어두움과 공포를 뚫고 새세상을 경험한 이유는 이들이 매우 낙천적인 성격의 소유자라는 것이다.

최근 우리나라 청년들의 정자수가 30%가 감소하고, 10명 중 4명은 비정상적인 정자이며, 아가씨들은 조기 폐경을 한다는 보도가 있었는데 이는 가히 놀랄 만하다.

이것은 모두 환경오염으로 생긴 면역체계의 이상 때문인데, 이런 현상들을 없애는 것은 바로 웃음으로 가능하다는 말이다. 인체는 웃을 때 면역력이 쑥쑥 올라간다.

의학의 아버지 히포크라테스가 '지구상 최고의 의사와 치료법은 면역'이라고 하였는데, 웃을 때 이 면역력이 나온다면 웃음이야말로 돈 안 드는 최고의 명약이 아닐 수 없다.

반면에 영국의 한 연구소에서는, 우리가 화낼 때 나오는 날숨 1시간을 농축한 것은 80명을 죽일 수 있는 독약으로 변한다고 밝혔다.

이 얼마나 무서운 일인가. 화를 낸다는 것은 그만큼 치명적인 영향을 끼친다는 증명이 된 것이다. 그러므로 우리는 자주 웃어야 한다. 화를 내는 것을 억누르라는 말이 아니라, 화가 날 때는 감정조절을 하면서 즐거운 생각을 떠올리고, 억지로라도 웃음을 웃는 것이 인체에 화를 자초하지 않는다는 말이다.

그러면 실제로 웃음의 효능에는 어떤 것들이 있을까?

우리가 크게 한 번 15초만 박장대소해도 최하 200만 원어치의 엔돌핀, 엔케팔린, 도파민 등 좋은 호르몬이 분비된다고 한다. 그러니 하루에 15초만 크게 웃어도 이틀을 더 산다는 결론이 나온다.

일반적으로 성인들은 하루에 일곱 번 정도 웃는 데 비해서 아이들은 400번 웃는다는 통계가 있다.

박장대소와 요절복통으로 웃으면 650개의 몸근육과 얼굴근육 80개, 206개의 뼈가 움직인다고 한다. 웃을 때의 에너지는 에어로빅을 5분 동안 하는 것과 같다. 웃으면 산소공급이 2배로 증가하여 신체 등이 시원해짐과 또한 즐거운 활동이 기억력에 좋다는 임상결과도 있다.

웃으면 자신감이 생기고, 생활에 활력이 솟구치고, 늘 긍정적인 상상을 지속할 수 있다. 본 센터와 방송사의 실험에서 보듯이 웃고 있는 동안에는 10~20% 힘이 증가, 생체나이가 6~7년 줄어들고, 유연성이 10%증가한다.

웃음의 효능

웃음의 효능은 과학적 · 의학적으로 입증되었다. 스위스 바젤에서 열린 웃음에 관한 국제학술대회에서 독일인 정신과 의사인 미하엘 티체 박사가 발표한 바에 따르면, 웃음이 스트레스를 진정시키고, 혈압을 낮추며, 혈액순환을 개선하고, 면역체계와 소화기관을 안정시킨다고 하였다. 그 이유는 웃을 때 우리 몸에서 통증을 진정시키는 호르몬이 분비되기 때문이라고 했다.

이처럼 웃음은 생리학적인 효능이 있어서, 병의 예방이나 치료에도 그 어떤 의약품보다 탁월한 효과가 있는 것이다. 하지만 막상 혼자 웃으려면 쑥스럽거나 겸연쩍어서 제대로 웃기가 쉽지 않다. 그럴 때는 여럿이서 함께 모여 웃으면 좋다. 실제로 효능면에서도 혼자 웃을 때보다 여럿이 함께 웃으면 33배 효과가 있다고 한다. 또 억지로 웃는 웃음도 90%의 효과가 있다고 하니 언제 어느 때나 자주 웃는다면 커다란 건강의 지킴이가 되어줄 것이다.

이처럼 웃음을 잘 웃으면 8년을 더 살 수 있으며, 늘 감사하고 칭찬하며 긍정적으로 살면 6년을 더 회춘한다고 한다. 그리고 한 조사 결과에 따르면 여자가 남자보다 6.9('05년 기준)년 더 오래 산다고 하는데, 그 여자가 남자보다 더 자주 웃기 때문이다. 이와 같이 얼굴이 굳어 있거나 깊은 고민에 잘 빠지는 사람은 수명이 짧아진다는 것을 명심하라.

웃음은 '내면의 조깅'이라는 말이 있다. 건강을 위해 운동을 많이 하지만, 정작 마음의 조깅도 해야 하지 않을까?

웃음은 명약이다

웃음은 동서양을 막론하고 묘약이며 명약이라 말한다. 1백 년 전에는 새의 깃털로 환자를 간지럼 태워 치료했다. 아무리 명의라 하더라도 의사가 고칠 수 있는 병은 20퍼센트에 지나지 않는다고 한다.

그러니 이러한 대체의학, 대안의학, 통합의학이라고 할 수 있는 웃음치료를 활용하면 치료에 큰 도움이 될 것이다.

웃음을 통한 셀프 펀 라이프Life

"펀은 기업에서만이 필요로 하는 것이 아니다. 개인으로서는 자기 자신의 건강과 행복한 삶을 경영하는 데 있어서 필수적인 셀프 펀 라이프를 즐김으로써 더욱 건강하고 행복하며 성공적인 삶을 살 수 있다."

펀은 인간의 오감을 자극하여 웃음을 유발할 수 있는 맛, 소리, 그림, 글, 공연, 관람, 상상, 체험, 댄스, 노래, 관광, 레포츠, 레크리에이션, 유머, 퀴즈 등을 활용하는 것이다.

물론 여기에 특별한 도구나 장비가 필요한 것은 아니다. 다만 웃을 준비만 하면 된다. 그것이 설사 억지로 의도된 웃음이라도 기꺼이 웃을 준비를 하자. 우리 뇌는 다행스럽게도 의도하고 억지로 웃는 웃음에도 잘 속아 주는 고마운 기능이 있으니 이 고마움을 실컷 만끽해 보자.

웃음에는 또 진통, 스트레스 해소, 면역 강화, 심인성 질환 치료기능이 있으며, 근육과 내장을 운동시키고 산소를 공급해서 다이어트에도 효과적이다.

미국 인디애나주 볼 메모리얼병원에서 외래 환자들을 조사한 결과, 웃음은 스트레스 호르몬인 코티졸의 양을 줄여주고, 우리 몸에 유익한 호르몬을 많이 분비시키는 것으로 밝혀졌다. 즉, 웃을 때마다 뇌의 전두엽에서 엔케팔린과 엔돌핀이라는 호르몬이 나오는데, 엔케팔린은 모르핀 주사액보다 300배 정도 강하고, 엔돌핀은 200배 정도 강한 진통제이다.

또 스웨덴의 노먼 커즌즈 박사는 환자가 10분간 통쾌하게 웃으면 두 시간 동안 고통 없이 편인한 잠을 질 수 있다고 밝힌 바 있다.

스탠포드 대학의 윌리엄 프라이 교수는 하루 100~200번 웃으면 10분간 노를 젓는 것과 같은 운동효과를 심장에 준다고 했으며, 미국의 리버트 박사는 웃는 사람에게서 피를 뽑아 분석해 보면 종양세포를 공격하는 '킬러 세포killer cell'가 많이 생성되어 있음을 알 수 있다고 발표했다.

이렇듯 웃음의 효과와 기능은 우리가 생각하는 것 이상으로 다양하다. 큰 소리를 내며 웃을 경우 근육, 신경, 심장, 뇌, 소화기관이 총체적으로 작용함으로써 우리 인체의 모든 기능을 활발하게 움직이게 해준다. 따라서 소리내어 웃는 것은 훌륭한 유산소 운동이 되는 것이다. 손으로 피부와 근육을 마사지하는 것을 외부 마사지라 한다면, 웃음은 내장을 마사지하는 내부 마사지이라고 말할 수 있겠다.

기업에서는 펀 경영으로 능률을 극대화하는 한편, 개인으로서는 셀프 펀 라이프를 통하여 자신의 몸을 건강하게 지키고, 내면의 평화와 열정을 끌어내는 데 적극 노력해야겠다.

웃음도 미쳐야 한다. 미친 만큼 행복해지는 것이다. 웃는 방법도 다양하지만 생각을 하면서 웃어야 하고 온몸으로 표현하며 웃어야 한다. 그렇게 해야 몸 속에 잠재되어있던 에너지가 밖으로 표출되어 나오기 때문이다.

여러 가지 펀 운동

다음에 소개하는 웃음은 언제 어디서나 아주 쉽게 할 수 있는 운동이요, 행복을 부르는 방법이며 즐거운 비명이다.

지금 사무실에 앉아서 근무하던 중이라면 의자를 좀 뒤로 젖히고 자세를 편하게 하자.

만일 집안일을 하다가 짜증스럽고 어깨가 뻐근하다면 잠시 일을 멈추고 방바닥에 앉아 보자.

만일 공부를 하던 중 머리가 무거워지거나 화가 나는 일로 혹은 우울한 일로 기분이 언짢아도 이 웃음 한방이면 모두 날려버릴 수 있다. 이것이 바로 개인의 셀프 펀 라이프이다.

펀 경영·펀 리더십은 크게는 회사나 조직 내에서 필요하기도 하지만 작게는 나 자신, 한 사람의 마인드 경영기법이기도 하다. 결국 내가 웃어야 남도 웃는 것이다. 자, 주저하지 말고 시작해 보자.

신나게 하하하 ~ 양팔을 크게 벌리며 크게 하하하

미치게 하하하 ~ 춤을 추면서 하하하

멋있게 ~ 양손을 허리춤에 놓고 귀엽게 하하하

기쁘게 ~ 양손을 입가에 놓고 하하하

놀라게 ~ 양손을 뒤집어 가슴 앞에서 올리며 하하하

예쁘게 ~ 양손을 얼굴 양쪽 옆에 두고 하하하

향기나게 ~ 양손을 코에 대고 하하하

대단하게 ~ 양손을 양쪽 팔과 어깨를 두들기며

크게 ~ 양손을 얼굴과 가슴 앞에서 크게 원을 만들며

깊게 ~ 양손을 크게 아래로 벌리서 파는 모습으로 하하하

길게 ~ 양손을 앞으로 쭉 펴면서 하하하

두껍게 ~ 양손을 상하좌우 두껍다는 흉내를 내면서 하하하

높게 ·· 양손을 높게 만세하면서 하하하

빠르게 ~ 빨리 달리는 모습으로 하하하

넓게 ~ 양팔을 크게 벌리며 하하하

시원하게 ~ 얼굴과 눈을 크게 하는 표정을 하면서 하하하

화끈하게 ~ 어깨를 들썩이며 하하하

후련하게 ~ 가슴을 치면서 하하하

상쾌하게 ~ 양팔을 벌리며 입을 크게 벌리며 하하하

가뿐하게 ~ 누군가를 안아서 드는 모습으로 하하하

우습게 ~ 오른손 집게손가락으로 상대방 지적하며 하하하

힘차게 ~ 하하하

행복해지기 위한
셀프 펀 리더십

"많은 사람들이 자기 자신을 위해 투자하는 것을 중시하는 시대에 살고 있지만,
정작 어떻게 하는 것이 자신을 위한 것인지 잘 모르는 사람들이 많은 것 같다.
잘 먹고 잘 사는 방법도 스스로 현명한 선택을 하는 것이 필요하다."

웃음 호흡 스트레칭 6선

건강에 제일 좋은 방법은 운동이다. 그런데 웃으면서 건강에 좋은 운동을 한다면 금상첨화일 것이다.

최근 미국에서는 웃음다이어트 학원이 1,000여 개가 생길 정도로 인기가 높다고 하는데 아마도 이러한 트렌드를 반영한 결과일 것이다. 웃으면서 운동을 하게 되면 얼굴 근육 80개, 몸 근육 650개, 뼈 206개를 포함한 사람의 오장육부가 모두 다 움직이게 된다. 그래서 웃음은 곧 운동인 것이다.

15초만 크게 웃어도 12칼로리가 빠지고, 3분간만 웃어도 윗몸 일으키기를 25번 한 것과 똑같은 효과가 있는데, 이 정도의 운동이 되려면 웃음호흡부터 시작하여 웃음스트레칭까지 배워야 한다.

1단계 : 들숨을 코로 배꼽 아래 하단전까지 집어넣고 이 들숨이 배꼽 아래 하단전에서부터 입으로 뿜어 나오도록 훈련한다. 이렇게 흡 ~ 하~ 를 10회 정도 반복한다.

2단계 : 어깨에 힘을 빼고 어깨를 귀 밑으로 올리고 내리고를 반복한다. 이때 입으로 쭉~ 내리면서 하~ 를 반복한다. 반복할 때 옆사람을 보면서 하면 재미있는 표정을 볼 수 있다.

3단계 : 먼저 양 손바닥을 비며 열을 낸 다음, 배를 양손으로 마사지하며 50바퀴를 시계방향으로 돌린다. 이때 아에이오우를 하나씩 하는데 양손으로 배를 마사지하면서 동시에 아~ 한다. 이어 에~, 이오우~ 한다.

4단계 : 이어 오른 손바닥을 세워 자기 배를 한 번 치도록 한다. 이때 리더는 이렇게 질문한다.

"어때요? 한 번 쳐보니 배가 아프세요. 안 아프세요. 아프지 않으신 분은 손을 들어 주시기 바랍니다."

그러면 대부분 손을 들게 되는데, 이때 리더는 "뱃살 좀 빼세요. 하하하"라고 말한다. 이어 배를 앞으로 절하듯이 35 ~ 45도 10회 접는다. 이때도 하~ 를 10회 정도 반복한다.

5단계 : 손뼉을 머리 위에서 치고, 얼굴 앞에서 치고, 가슴 앞에서 치고, 배 앞에서 치고, 무릎 앞에서 치고, 다시 위로 올라오면 상하로 10번을 치게 된다.

6단계 : 동시에 얼굴, 목, 어깨, 가슴, 복부, 무릎 등을 움직이며 박장대소와 요절복통을 한다. 숙련이 되면 얼굴근육 80개, 몸의 근육 350개, 뼈 206개가 모두 움직이도록 웃어 본다.

웃음 기본 스트레칭 3선

1단계 : 나 이뻐 웃음 - 서로 양손을 마주대고 얼굴을 양 손등에 대고 사회자가 '하나, 둘, 셋'하면 신비롭게 천천히 양손을 밖으로 펼치면서 '니 이뻐'를 하며 크게 웃는다.

2단계 : 박장대소 요절복통 - 어깨에 힘을 빼고 배를 접었다 폈다 하면서, 동시에 손뼉을 크게 치며 상하로 왕복한다. 허리와 배가 아플 정도로 움직이며 크게 웃는다.

3단계 : 바꿔 웃음 - 오른손은 손바닥을 펴고(장풍을 쏘듯이) 왼손은
주먹을 허리에 대고 '하' 한다. 계속 손 바꿔를 하며 '하'를 10회 한다.
이때 앞으로 내민 손은 무조건 손바닥을 펴야 하고, 허리에 있는 손
은 주먹을 쥐어야 한다. 어느 정도 익숙해지면 사회자가 '바꿔'하면
앞으로 나온 손은 주먹을 쥐어야 하고 허리에 있는 손은 펴야 한다.

웃음 스킨십 스트레칭 8선
① 1단계 마냥 좋아 웃음
- 대상 : 남녀노소
- 대형 : 커플 앉아서, 일어서서
- 효과 : 친밀감
- 방법 : 서로 마주보게 하고 리더가 지시한다. '서로 눈을 보세요.'
  라고 하면 서로 눈을 보고 크게 웃는다. 이어 귀, 이마, 코,
  입술, 배 등을 명령할 때마다 쳐다보며 웃는다.

② 2단계 하이파이브 웃음
- 대상 : 남녀노소
- 대형 : 커플 일어서서
- 효과 : 유연성, 근력, 지구력, 균형감, 친밀감
- 방법 : 서로 마주보고 서서 오른손끼리 마주치며 아래에서 위로
  크게 하이파이브 하면서 하하하, ○ 왼손끼리 하하하, ○

오른발끼리 하하하, ○ 왼발끼리 하하하, ○ 위로 뛰면 뒤
로 돌면서 엉덩이를 치며 하하하

③ 3단계 돌려주며 웃음

- 대상 : 남녀노소
- 대형 : 커플 일어서서
- 효과 : 유연성, 근력, 지구력, 균형감, 친밀감
- 방법 : 서로 마주보고 서서 오른손끼리 악수하고 하하하, 이어
  왼손 악수하고 하하하, 이때 양손은 꼭 잡는다. 그리고 그
  상태에서 서로 머리 위에서 몸과 함께 돌려준다. 그러면
  두 사람 다 멋있게 돌아간다. 이때도 손을 잡고 있어야 한
  다. 이어 서로 잡은 손으로 잡아당기며 배치기를 한다.

④ 4단계 등대며 웃음

- 대상 : 남녀노소
- 대형 : 커플 일어서서
- 효과 : 유연성, 근력, 지구력, 균형감, 친밀감
- 방법 : 서로 등대고 서서 양팔을 뒤로 건다. 이어 오른쪽(둘이 한쪽
  방향)으로 접으면서 하하하, 왼쪽(한쪽 방향)으로 접으면서 하
  하하, 안(한쪽 방향)으로 접으면서 하하하 뒤(한쪽 방향)로 접
  으로면서 하하하. 그야말로 한몸이 되어 움직이게 된다.

⑤ 5단계 안아주며 웃음

- 대상 : 남녀노소
- 대형 : 커플 일어서서
- 효과 : 유연성, 근력, 지구력, 균형감, 친밀감
- 방법 : 서로 마주보고 서서 양손으로 허리를 안아준다. 온몸이
  바싹 달라붙게 하여 한몸이 되게 한다. 이어 오른쪽으로
  접으면서 하하하, 왼쪽으로 접으면서 하하하, 안으로 접
  으면서 하하하 뒤로 접으로면서 하하하. 그야말로 한몸
  이 되어 움직이게 된다.

⑥ 6단계 시소 웃음

- 대상 : 남녀노소

- 대형 : 커플 일어서서
- 효과 : 유연성, 근력, 지구력, 균형감, 친밀감
- 방법 : 서로 등대고 서서 한 사람은 자기 등에 태워주고 한 사람은 상대방의 등에 눕는다. 이때 온몸을 이완시켜 편하게 눕는데 양발도 힘을 빼고 늘어지게 한다. 이때 중요한 것은 서로 양팔을 힘차게 걸어야 한다. 어느 정도 익숙해지면 아래에 있는 사람은 자기의 허리와 엉덩이를 이용하여 웃으면서 좌우로 흔들어 주어야 한다. 그래야 서로 허리운동이 된다.

⑦ 7단계 등대고 일어서기 웃음

- 대상 : 남녀노소
- 대형 : 커플 일어서서
- 효과 : 유연성, 근력, 지구력, 균형감, 친밀감
- 방법 : 서로 바닥에 등대고 앉아 양팔을 건다. 그리고 양 무릎을 가능한 한 직각으로 세운 다음, 리더가 '하나, 둘, 셋'하면 '하하하하'웃으며 동시에 일어선다. 요령은 서로 등을 밀며 느낌으로 힘의 균형을 맞춰가며 일어선다.

⑧ 8단계 12동작 웃음

- 대상 : 남녀노소
- 대형 : 커플 일어서
- 효과 : 유연성, 근력, 지구력, 균형감, 친밀감

- 방법 : 30센티의 거리를 두고 서로 등을 대고 선다. 그리고 리더의 시작, 소리와 함께 서로 동시에 양손을 부딪치거나 잡는다. 동작은 양손을 어깨만큼 벌려 오른쪽(둘이 한쪽 방향)으로 어깨를 45도 돌려 양손을 어깨 옆에서 마주치며 '하나, 둘' 한다. 이어서 반대 왼쪽으로 양 손바닥을 치며 '셋, 넷' 한다. 이어 반대 어깨와 허리를 돌려 허리 쪽에서 양 손바닥을 치며 '다섯, 여섯' 한다. 이어 반대로 돌려 양 손바닥을 치면서 '일곱, 여덟'을 한다. 이어 양손을 머리 위로 하여 꼭 잡으며 흔들면서 '아홉, 열' 한다. 마지막으로 서로 자기 앞으로 허리를 굽혀 양손을 가랑이 사이로 넣어 상대방의 양손을 잡으며 이때는 엉덩이끼리 비비며 '열하나, 열둘.' 한다. 이때 엉덩이의 꼬리뼈가 서로 부딪치는 소리가 들려야 한다. 이처럼 위의 동작이 익숙해지면 '하나, 둘, 셋, 넷'이라는 구령보다는 '하하하하'로 하는 것이 좋다.

자신을 위한 셀프 펀 리더십

> "돈을 잃으면 적게 잃은 것이요, 명예를 잃으면 많이 잃는 것이요, 건강을 잃으면 전부 잃는 것이다"라는 말처럼, 앞만 보고 달려가다가 건강을 잃는다면 아무 소용이 없다."

웃음과 전신운동

① 뱃살 운동

자주 웃는 것도 뱃살빼기 비결 중에 하나이다.

실제로 A보건소와 방송국에서 22세 남자에게 웃음요법을 실행해 본 결과, 체중이 72.8kg에서 72kg으로, 비만도는 103.7%에서 102.6%로, 체지방률은 12.5%에서 12.1%로 바뀌었다.

운동을 하지 않고 웃음요법만으로 실험을 한 경우임에도 불구하고 이렇게 현저한 감량을 보였다.

뱃살을 빼는 데는 걷는 운동이나 가볍게 달리기 등 유산소 운동이 무엇보다 효과적이지만, 여기에 웃음 요법을 병행하면 효과는 배가 된다.

단, 이때의 웃음은 가볍게 미소 짓는 정도가 아니라 뱃살을 자극하면서 웃는 것이어야 한다. 손뼉을 치며 뱃살이 진동하도록 박장대소나 요절복통을 해야 한다는 뜻이다.

처음에는 쉽지 않겠지만 뱃살을 주먹으로 두드리면서 진동하는 웃음을 웃으면 온몸이 깨끗해지고 정신이 맑아지는 느낌이 든다. 배를 주물러주거나 손바닥으로 배를 천천히 문질러주면 장운동도 되고 더욱 효과적이다. 또 다른 방법으로는 윗몸일으키기가 있는데 하체를 움직이지 않고 상체만을 활용하며 올라갔다가 내려올 때 올라갔던 처음 자리로 되돌아오는 것이 중요하다. 더 많은 힘이 들어가기 때문에 운동효과가 더 좋아진다.

윗몸일으키기를 하고 나서 그대로 누운 상태에서 다리를 45도 정도 들었다 내리는 운동을 반복하면 복근이 강화된다. 이 운동을 10회 정도 하고 나서 다리를 양쪽으로 쫙 벌리는 운동을 하면 뱃살의 진동을 돕는 효과를 누릴 수 있다.

누운 채로 양 무릎을 세우고 가슴 쪽으로 천천히 당기면서 숨을 내쉰다. 숨을 내쉬면서 아에이오우를 발음한다면 내장기관이 진동하는 것을 느낄 수 있다.

② 얼굴 운동

눈이 마음의 창이라고 한다면 얼굴은 우리 몸의 창이라고 보면 된다. 우리 몸의 어느 부분도 소홀히 할 수는 없지만 특히 얼굴은 사람의 이미지를 결정하는 가장 중요한 부분이라서 각별히 신경 써야 한다. 턱은 얼굴 선을 결정하는 부위이므로 운동을 통해 보다 탄력 있

고 아름다운 턱을 만들면 전체적인 얼굴 윤곽도 달라지게 된다.

우선 턱을 좌우와 상하로 돌리는 운동을 해보자. 그런 다음 입을 크게 벌리고 턱으로 천천히 원을 그려보자. 연습하면 할수록 점점 더 유연해질 것이다.

이젠 구강에 대한 운동이다. 이 운동은 성대와 구강내부를 자극함으로써 얼굴 근육까지 자극시키는 효과가 있다. 큰 소리로 하하, 헤헤, 히히, 호호, 후후를 발음하면서 하면 얼굴 전체에 탄력이 생겨 노화방지에도 도움이 된다.

혀 운동은 좀처럼 잘 실행되지 않는 운동이지만 고정관념을 깨고 똑딱 소리를 내거나 '바라바라'라는 소리를 계속해서 내다보면 혀의 진동을 감지할 수 있게 된다.

코는 얼굴 중에서도 중심축을 이루는 부분이며 장기 중에서는 비장과 관련이 있다. 냄새를 맡는 일을 하기 때문에 얼굴 중에서 가장 예민한 부위이며 쉽게 피로해지는 부위이기도 하다.

코 운동은 다른 부분과 달리 부위를 진동시키기가 조금 어려운데 양미간을 찡긋거리거나 입과 함께 움직여 씰룩이는 방법 등이 있다. 이런 운동을 반복하다 보면 코 주변 근육까지 단련이 된다.

볼 운동은 이를 닦고 물로 헹구어내는 동작을 연상하면 쉽다. 마치 입안에 물이 들어 있는 것처럼 오물오물거려서 뱉는 동작을 반복하면 된다. 볼 근육이 떨리면서 자연스럽게 진동을 한다. 이 운동은 볼 살을 빼는 데에도 효과적이다. 이 과정이 끝나면 다시 입안을 부풀린 상태에서 양볼을 손바닥으로 가볍게 쳐준다.

③ 가슴과 엉덩이 운동

가슴운동은 두 손바닥으로 가슴을 두드리면서 푸하하하 박장대소를 하면 된다. 오목가슴에서부터 점차 바깥쪽으로 이동해가면서 두드려주는 게 요령이다. 답답한 가슴이 뻥 뚫리고 웃는 동안 나쁜 공기도 신선한 공기로 대체된다.

엉덩이 운동은 항문을 조인 상태에서 하하하, 하고 10회 이상 웃어주는 것이다. 이런 식으로 여러 번 반복하다 보면 항문 주변 근육에 탄력도 생기고 치질이나 변비를 개선하는 데 효과가 있다.

④ 푸하하하 호흡법

• 아침에 일어나자마자 입을 벌리고 다무는 운동을 10회 이상 한다. 밤사이에 굳었던 근육을 풀어주는 운동이다. 입을 최대한 크게

벌려 한다. 이를 닦기 전 거울 보면서 하면 더욱 효과적이다.

• 입 근육이 풀렸으면 '푸하하하' 하고 10회 이상 웃는다. 이때 푸하하하 하고 웃고 그 다음에 깊은 숨을 내쉰다. 폐 속의 나쁜 공기를 신선한 공기로 바꿔주기 위한 호흡법이다.

• 2번까지 하고 나서 입술꼬리를 최대한 끌어올려 미소 짓는다. 이 미소가 그날 하루를 결정지을 최초의 미소가 될 것이니 최대한 밝고 건강하고 아름답게 웃자.

기억되기 위한 펀 기법

이름을 이용한 유머 기법

자신의 이름을 소개할 때 그냥 ○○○라고 소개하는 것보다 그 이름에 자기만의 유머를 얹어 소개하면 상대방에게 훨씬 더 강하게 어필할 수 있다. 가령 마형식이라는 이름의 사람이 있다면 '저는 마형식이라고 합니다. 그러나 형식은 별로 안 좋아합니다.'라고 가벼운 유머를 섞는다면 듣는 이로 하여금 기억력을 더 오래 지속시킬 수 있다는 것이다.

개그맨 흉내내기 유머 기법

요즈음 개그는 그냥 아무 생각 없이 앉아서 듣다가는 웃을 타이밍을 놓치고 바보가 되기 십상이다. 그러니까 생각을 좀 하면서 웃어야 한다는 얘기다. 사람을 웃기는 테크닉에는 행동과 말이 있는데 행동으로 웃기는 경우는 보고 난 후 바로 웃을 수 있지만 말의 경우는 꼭 그렇지만은 않다.

평소 자기 자신이 유머감각이 좀 떨어진다고 판단되면 TV나 개그

공연을 통해 보았던 개그맨의 유머를 한번 따라해 보자. 성대모사도 좋고 행동이나 말로 된 개그도 좋다.

흉내 내기가 어느 정도 가능해졌다고 생각되면 처음엔 아주 친한 친구나 가족을 상대로 해보고 나중엔 대중들에게도 선보이면 된다. 너무 천박하게 넘어지거나 일그러지는 모습 등만 피한다면 충분히 오래 기억되는 사람으로 남을 것이다.

책이나 영화, 그림, 음악 등 다양한 장르를 통한 유머 기법

유머는 사람과 사람 사이의 관계를 원활하게 해주는 윤활유 같은 것이다. 딱딱하고 어색한 분위기가 금세 호감도로 바뀌는 것을 가능하게 해주는 것도 바로 이 유머이다. 물론 초면부터 유머랍시고 실없이 말을 늘어놓는 것은 실례가 되지만 적당한 선에서의 유머는 아주 부드럽게 대화를 이끌어가는 필수요소이다.

꼭 개그맨들이 하는 유머를 따라하지 않아도 얼마든지 유머리스트로 등극할 수 있다. 책에서 읽은 한 소절, 영화 한 장면, 그림 한 점, 유행가 한 소절이 모두 웃기는 소재가 될 수 있기 때문이다.

그러기 위해서는 항상 귀를 열어 두고 열린 마음으로 사물을 대하고 긍정적으로 살아야 한다. 긍정적인 사고와 웃음의 소재들이 만나서 반응을 하면 화학작용을 일으키는 것이 바로 웃음이니까 말이다.

웃음꾼이 되라

지난 IMF 이후 그나마도 잘 웃지 않던 우리 국민은 더욱 더 웃지 않게 되어버렸다. 하여 왜 그렇게 웃지 않느냐고 물으면 대다수의 사람들은 웃을 일이 있어야 웃지 않느냐, 정치도 경제도 모두 울 일뿐이니 억지웃음도 하루 이틀이지 않느냐고 반문한다. 이보다 좀 나은 경우가 얼굴은 웃고 있고 마음은 울고 있는 사람들이다.

대규모 정리해고를 앞두고 있는 J씨는 소화가 안 되고 이유 없이 몸무게가 빠져 병원을 전전하기 시작했다. 하지만 진단결과는 특별한 이상이 없다는 것이었다. 그 후로도 여기저기 병원을 전전하다가 겨우 알게 된 병명은 스마일마스크증후군이었다. 증상은 식욕이나 성욕이 떨어지고 복통이나 두통을 동반하며 정신적으로 심하게 위축되는 것이다. 이보다 더 위험한 것은 우울증이 수위를 높여가면서 느끼게 되는 자살충동이었다.

우울증이 자살충동으로까지 이어지는 것은 참으로 위험한 상황이다. 실제로 자살로 이어지기 때문이다. 이러한 위험한 상황까지 가지 않기 위해서는 철저한 예방법이 필요하다. 예방법이라고 해서 거창하거나 어려운 일이 아니니 다함께 실행해보도록 하자.

웃음꾼의 '무조건 5계명'

첫째, 무조건 웃사. 손가락질 당할 염려는 밀라. 그것과 당신의 건강을 맞바꿀 생각이 없다면.

둘째, 무조건 잘 먹자. 살찌는 걱정은 말라. 잘 웃는 사람은 아무리 잘 먹어도 살이 찌지 않는다.

셋째, 무조건 잘 자자. 잘 자면 피로가 풀리고 피로가 풀리면 아침이 상쾌해진다. 상쾌한 아침에 웃는 웃음은 천금을 주고도 사지 못한다.

넷째, 무조건 유머는 외우자. 남들을 웃길 수 있는 자료를 충분히 보유하고 있자. 모두재산이다.

다섯째, 무조건 외운 유머는 반드시 써먹자. 사람들을 앉혀놓고 웃겨 보라. 사람들이 웃지 않는 다고 해서 긴장하거나 당황하지 말라. 웃음을 만드 는 일도 훈련이 되면 노하우가 생긴다.

웃기는 마을이름

1. 방광마을→전남 구례군 광의면 방광리

2. 대가리경로당→전북 순창군 풍산면 대가리

3. 발리경로당→울산광역시 울주군 온양읍 발리

4. 불암마을→경남 김해시 불암동

5. 효리마을→경북 영천시 북안면 효리

6. 우동마을→경남 김해시 진영읍 우동리

7. 파전마을→경북 군위군 의흥면 파전리

8. 소주마을→경남 양산시 웅상읍 소주리

9. 망치마을→경남 거제시 일운면 망치리

10. 연탄마을→충북 증평군 증평읍 연탄리

11. 고도리경로당→전남 해남군 해남읍 고도리

12. 국수마을→경기도 양평군 양서면 국수리

13. 설마마을→경기도 파주시 적성면 설마리

14. 고문마을→경기도 연천군 연천읍 고문리

15. 유방동사무소→경기도 용인시 유방동

16. 고사리경로당→강원도 삼척시 도계읍 고사리

17. 가수마을→강원도 정선군 정선읍 가수리

18. 대박마을→충남 연기군 금남면 대박리

19. 목소리경로당→충남 금산군 복수면 목소리

20. 계란마을→충북 제천시 수산면 계란리

21. 목욕마을→전북 정읍시 산외면 목욕리

22. 객사마을→전남 담양군 담양읍 객사리

23. 성내마을→전남 진도군 진도읍 성내리

24. 굴전마을→전남 완도군 생일면 굴전리

25. 목도리경로당→경남 하동군 하동읍 목도리

26. 압사마을→경남 진주시 지수면 압사리

Chapter 3
이기는 편 리더십

인간은 멸망할 수는 있어도 패배 당할 수는 없다.

－E. 헤밍웨이

A man can be destroyed but not defeated.

－Ernest Hemingway

편한 리더가 뜬다

"요즘처럼 웃기는 이미지가 좋은 호평을 받는 때도 없었다. 그만큼 유머감각은 이제 사회적인 메가 트렌드가 된 것이다."

펀은 개인, 가정, 직장에서 사용하기에 따라 그 의미는 조금씩 차이가 있지만, 그 기본은 어디까지나 웃음과 즐거움이 넘쳐나야 하는 것을 말한다.

개인적으로는 고정관념을 타파하고 주변 사람과의 친근감을 가지며, 사회성과 창의력 발달을 위해서 필요하고, 가정에서는 가족간의 표현력 향상과 커뮤니케이션 및 스킨십 향상을 위해서, 직장에서는 업무의 긴장을 해소하고, 집중력과 생산성을 높이며, 일치단결을 위해 반드시 필요하다.

뿐만 아니라 웃음은 스트레스 수치를 줄여주고, 권태와 무력감을 예방해 주며, 변화에 대한 적응력 향상, 의사소통 원활, 창의력 증가, 자신감과 추진력 그리고 성취력도 향상시킨다.

웃음이 주는 경제적 가치를 돈으로 딱부러지게 환산할 수는 없지만 산업재해, 노사분규, 의료비 등이 1/3로 감소하고 생산성은 배가 되니 얼마나 화끈한 경제학인가. 웃음은 원료 없이 공장을 돌리는 만병통치약이다.

요즈음 영어, 수학 교재에도 펀이란 단어를 반드시 붙여야 잘 팔리고, 백화점, 놀이공원도 펀이란 단어를 붙여야 고객을 많이 유치할 수 있다. 그 밖에도 코믹영화, 코믹드라마를 보더라도 재미를 빼놓고 이야기 할 수 없을 정도이다.

모든 것의 소재가 재미가 있어야 한다. 이것이 생존비결이다. 소비자들은 이제 상품자체만 보지 않는다. 그 상품에 대한 호기심을 자극하고, 화끈하며, 미션이 걸려 있고, 재미있는 이벤트와 유행을 선호한다.

그러나 여기서 꼭 한 가지, 반드시 유념해야 할 것이 있다. 바로 진정성이다. 상대로 하여금 뿌리가 없는 부초처럼 물 흐르는 대로 떠

돌게 해서는 안된다. 상대의 마음이 리더 자신에게 뿌리를 내려 머물어 있게 할 때, 그래서 상대편으로 하여금 '당신과 함께 있으면 보통 때의 나보다 훨씬 즐겁습니다'라는 느낌이 들게 할때 매력이 있는 리더가 되는 것이다.

사람을 이끄는 탁월한 기술

> "경직된 얼굴로 부하직원을 눈 아래로 보는 태도는 현대사회의 유능한 리더가 아니다. 그보다는 칭찬에 인색하지 않고, 꾸중할 때도 직설적인 표현보다는 유머감각에 빛나는 말로써 사람을 대한다면 당신은 탁월한 리더라고 할 수 있다."

'한 번 웃으면 한 번 젊어진다(一笑一少)'라는 말처럼 웃음은 건강과 동시에 복을 가져다주는 행복 메신저이다. 그렇게 훌륭한 명약을 우리 몸에 지니고 다니면서도 묵혀두기만 한다는 것은 바보스러운 짓이 아닐 수 없다.

웃음은 신이 유일하게 사람에게만 내려준 축복이다. 신이 내린 그런 축복을 어떻게 활용하느냐가 자신의 건강은 물론 성공 여부를 결정하는 중요한 척도이다.

이처럼 웃음이 인체의 활력소임에도 불구하고 우리나라 사람들은 잘 웃지 않는 습성이 있다. '남자는 평생 세 번만 울어야 된다'느니 '여자가 웃음이 헤프면 복이 달아난다'느니 하는 것은 순전히 오래된

유교적 영향 때문이다. 하지만 이제는 시대가 바뀌었다. 울 줄 아는 남자의 가슴이 진정 웃을 줄도 아는 것이고 여자가 웃으면 그 여자의 주변이 덩달아 밝아지는 게 현실이다. 그렇게 유익한 웃음이지만, 웃음에도 연습이 필요하다. 억지로라도 웃는 연습을 자주 하다보면 어느새 찡그린 표정은 사라지고 점차 얼굴이 밝아진다. 물론 그로부터 웃음의 진정한 효과도 발휘되기 시작한다.

웃음의 효과는 이미 현대의학을 통해 과학적으로 증명된 바 있다. 이제는 우리가 그 효과를 어떻게 활용할 것인지가 문제일 뿐이다. 활용하는 방법과 장소, 상황에 따라 웃음은 여러 가지로 작용할 수 있다. 취직을 위한 면접에서도 유머감각은 이제 필수조건이 되었다. 그 실례로 기업 인사담당자 10명 중 8명은 적절한 유머가 면접 때 도움이 된다고 생각하는 것으로 조사됐다.

취업인사 포털 인크루트(www.incruit.com)는 기업 27개, 중소기업 42개 등 69개사 인사담당자를 대상으로 조사한 결과, '면접시 적절한 유머가 플러스 요인이 된다'고 답한 사람이 전체의 82.6%인 57명에 달했다고 밝혔다. 또 구직자 1505명을 대상으로 실시한 설문조사에서도 74.9%가 '면접시 적절한 유머가 합격에 도움을 줄 수 있다'고 답했다고 한다. 하지만 이러한 통계적인 수치와 조사에도 불구하고 유머를 너무 남용한다거나 상황에 맞지 않게 유행어를 구사하는 일은 오히려 감점요인이 될 수 있으니 주의해야 한다.

유머를 자연스럽게 구사하려면 상황과 듣는 이의 수준에 맞추는 노력도 필요하다. 아무리 재미있는 얘기라고 하더라도 해도 되는 자리가 있고 안 되는 자리가 있는 법이다.

우리 회사의
태양

남을 억지로 웃기려고 한다거나 고급 유머라도 알아듣지 못하는 사람이 있다면 무용지물인 것이다. 나름대로는 유머랍시고 했는데 사람들이 웃지 않으면 아무 일 없었다는 듯 살짝 넘어가는 요령도 필요하다.

그래서 남을 웃길 때도 주의사항이 있다. 반드시 예의를 지켜야한다는 것이다. 불쾌감을 주거나 수치심을 유발하는 유머를 해서도 안된다. 제스처와 표정, 사투리 등을 적절히 활용하는 것도 좋은 방법이다. 이는 그 효과를 배가시키기 때문이다. 유머가 너무 길면 지루하기 때문에 적당히 조절하는 테크닉도 필요하다.

결정적인 말을 들려주기 직전에 약간 뜸을 들인다든가, 이야기를 하는 도중 어느 한 대목에서 강조점을 두어야 한다. 또한 유머를 들려줄 대상이나 시간, 상황을 충분히 고려하는 지혜도 있어야 한다. 가령 신체적인 장애를 갖은 사람 앞에서 신체적 핸디캡에 얽힌 유머를 하는 일 등은 피해야 한다. 그리고 유머를 말하기 전 머릿속으로 한번 정리해보는 것도 필요하다. 아무리 외우고 있던 유머라도 중간에 빠지는 내용이 생긴다면 매끄러운 이야기가 되지 않기 때문이다. 또 이른 아침부터 야한 유머를 아무렇지도 않게 하는 것도 예의에 벗어날 수 있으니 조심해야 한다.

사람의 집중력은 아무리 길어봤자 성인의 경우 15분을 넘지 못한다. 나이가 어릴수록 집중 시간은 더 짧아진다.

이렇게 집중력이 떨어질 즈음, 산뜻한 유머 한 마디가 떨어진 집중력을 잡아 올려줄 수 있다는 것을 한번쯤 경험해 본 사람이라면 다 알 것이다. 유머는 그래서 경제적이고 효율적인 생산방법이다.

적절한 유머는 기업의 프리젠테이션에서도 그 빛을 발하는데 맛깔난 양념처럼 산뜻한 유머가 보태진다면 설득력과 호소력에 더 큰 효과를 발휘하게 된다. 이때 유머의 소재는 가능하면 발표할 내용과 연관되는 것이 좋다. 무엇보다 딱딱한 발표 분위기 속에서 원활한 흐름을 이어갈 수 있다는 장점이 있다. 이렇게 되면 듣는 대상으로 하여금 내용을 보다 더 정확하고 확실하게 각인시키는 효과를 얻을 수 있다.

이러한 효과를 위해서는 주제가 선명하게 드러나는 유머를 구사해야 한다. 또 다른 장소 다른 사람들한테 한 적이 있는, 그래서 그들로부터 좋은 반응을 얻었던 유머를 구사하면 좋다. 그렇게 되면 실패할 확률이 훨씬 낮아지기 때문이다.

때에 따라 자신의 약점이나 헛점을 이용해서 유머를 구사하는 것도 좋다. 이런 경우 친근감이 더욱 두터워진다.

존경받는 펀 CEO가 되자

"펀 경영 · 펀 리더십을 실천하기 위해서는 존경받는 펀 CEO가 되라. 최고지도자라고 해서 수직적인 관계만을 생각한다면 기업의 펀경영은 실천할 수가 없다. 기업을 성공시키기 위해서는 이 점을 명확히 알아야 한다."

요즘은 최고경영자를 최고 엔터테인먼트 책임자(CEO : Chief Entertainment Officer)라고 부르기도 한단다. 그동안 우리나라 기업들의 CEO들은 직원들에게 우대의 대상이고 절대 권력의 상징이었다.

하지만 아이러니하게도 산업이 급속도로 발달한 오늘날, 이런 권위의식이 오히려 펀으로 바뀌어 가고 있다. CEO의 냉철하고 강압적인 권위보다는 부드러운 미소와 유머가 직원들한테 더 먹힌다는 얘기다.

딱딱한 명령복종식 조직구조보다는 편한 일터에서의 편한 분위기가 생산성을 훨씬 더 향상시킨다는 진리를 몸소 깨달았기 때문이다. 21세기형 CEO는 권위형 리더가 아니라 웃음형 리더가 강세이다.

웃음 전문가들은 하나 같이 웃음이 돈으로 환산되지는 않지만 돈

이상의 가치로 가시적인 효과를 거둘 수 있는 것이 바로 웃음이라는 견해를 내놓고 있다. 특히 대기업의 CEO들은 순발력을 지닌 유머감각의 유무로 기업의 존망을 좌우하는 가치를 지니기도 한다.

CEO의 대표적 사례는 삼성전자 윤종용 부회장을 들 수 있다. 그는 동종업계에서도 소문난 카리스마형이다. 하지만 그 소문 못지않게 입소문이 자자한 것은 그의 재치있는 화술이다. 그와 회의를 하는 동안은 웃을 일이 너무 많아 지루할 틈이 없다고 한다.

이러한 펀 CEO 중에 또 한 사람, LG텔레콤의 남용 사장도 결코 빼놓을 수 없는 인물이다. 남 사장은 직원들뿐만 아니라 고객에게도 즐거움을 선사하는 일을 주목표로 하고 있다. LG텔레콤이 2003년부터 '고객사랑 경영제도'를 실시한 것도 펀 리더십의 일환이라고 한다.

기업 내에서 펀경영이 성공적으로 활성화되려면 가장 먼저 CEO의 마인드부터 달라져야 한다. 이제 권위나 강요가 사람을 복종시키고 동화시키는 시대는 지났다. 웃음이 넘친 CEO가, 또 웃음이 넘치게 만들어 주는 CEO가 사람을 운용하고 능력을 배가시키는 유능한 CEO인 것이다.

아직도 권위가 직원들의 사기와 능률을 컨트롤 할 수 있다고 믿으며 기업을 경영하는 사람이라면 이제라도 변해야 한다. 그리고 CEO 스스로 즐거워지도록 먼저 노력해야 한다. 내가 즐거워야 남도 즐거워지는 것이다.

CEO는 기존의 권위 의식을 버리고 감동과 사랑으로 직원들을 대하며 그들이 웃으며 일할 수 있는 최고의 일터를 만드는 데 주력하도록 해야 하는 조력자이다. 즉 사람존중의 경영방침을 세워야 한다는 것이다. 사람이 우선하는 기업, 그곳이 결코 편하지 않을 수 없다. CEO가 즐거워지면 직원들이 저절로 즐거워지기 때문이다.

최근 웅진코웨이는 CEO와 직원들이 함께 케익만들기 행사를 열어 열린 커뮤니케이션의 자리가 될 수 있게 했다. 회사 비전에 대한 의견과 개인들의 취미 사생활까지 이야기 주제가 되는 그런 허심탄회한 자리였다고 하는데 서로의 교감을 느낄 수 있어 반응이 좋았다고 한다.

직원들의 이야기를 하나하나 귀담아 들을 줄 아는 CEO, 그래서 인재가 세상 그 무엇보다 제일 중요한 재산이란 걸 알고 있는 CEO, 그 인재를 소중히 여기며 그 인재의 행복경영에 모든 것을 쏟을 줄 아는 CEO, 그 사람이 전정한 펀 CEO이다.

중앙일보가 국내 CEO들의 행복도를 알아보는 조사가 있어 흥미롭다. 조사 결과, 국내 CEO들의 평균 행복 점수는 100점 만점에 73

점에 불과했다. 이 점수는 스웨덴의 일반 국민 행복점수인 77점보다 낮은 수치였다. 국내 CEO들의 점수가 낮은 이유에 대해 기업인을 존중하지 않는 분위기와 미래 사회에 대한 불안감, 그리고 좁은 사회 안에서의 비교와 경쟁을 들었다고 한다.

아마도 우리나라 CEO들이 편한 CEO들로 바뀐다면 행복지수가 지금보다는 훨씬 높아지지 않을까?

칭찬제도를 도입하자

펀 리더십을 어렵게 생각하지 말자. 정말 단순하고 쉬운 것이 바로 펀 리더십이다. 가령 옆에 앉아 있는 동료 직원의 어떤 점을 칭찬하여 잠시 잠깐이라도 웃고 넘어갈 수 있다면 즐겁게 일을 하는 동기를 부여했다는 의미에서 그 역시 펀 리더가 될 수 있다.

앞서 언급한 대로 W건설의 경우에는 직원들에게 책을 읽고 독후감을 써내게 하는 방법으로 펀을 실시하는 것 이외에도 칭찬상이라는 제도를 마련해 동료들 간의 화기애애한 분위기를 도모하고 있다.

펀 리더십을 이루기 위해서는 일하기 좋은 직장 환경을 만든 것이 우선이다. 그리고 직원들 스스로가 신이 나서 일을 할 수 있도록 즐거움과 재미를 줄 수 있어야 한다. 더불어 직원들의 불편한 점을 헤아려 줄 줄도 알아야 한다. 마지막으로 칭찬하는 CEO가 되어야 한다.

나를 칭찬해 주는 사람 앞에서 얼굴을 붉힐 사람은 아무도 없다. 칭찬은 웃음을 불러들이는 가장 직접적이고 확실한 방법이기도 하다. 그리고 되로 주고 말로 받을 수 있는 정말 마진이 남는 장사이기도 하다. 돈 안 들이고 이런 톡톡한 이득이 떨어지는 일을 왜 마다하겠는가.

이민규의 《끌리는 사람은 1%가 다르다》라는 책에서는 감동을 주는 칭찬방법 7가지를 이렇게 소개했다.

1. 막연하게 하지 말고 구체적으로 칭찬하라. 구체적이고 근거가 확실한 칭찬을 하면 칭찬뿐 아니라 당신에 대한 믿음도 배가 된다.

2. 본인도 몰랐던 장점을 찾아 칭찬하라. 그런 칭찬을 받으면 기쁨이 배가 되고 상대는 당신의 탁월한 식견에 감탄하게 된다.

3. 공개적으로 하거나 제3자에게 전달하라 남들 앞에서 듣는 칭찬이나 제3자에게서 전해들은 칭찬이 기쁨과 자부심을 더해주며 더 오래 지속된다.

4. 차별화된 방식으로 칭찬하라 남다른 내용을 남다른 방식으로 칭찬하면 당신은 특별한 사람으로 기억된다.

5. 결과뿐 아니라 과정을 칭찬하라. 성과에만 초점을 맞추지 않고 노력하는 과정에 초점을 맞춰 칭찬하면 상대는 더욱 분발하게 된다.

6. 예상외의 상황에서 칭찬하라. 질책을 예상했던 상황에서 문제를 지적한 다음 칭찬으로 마무리를 지으면 예상외로 효과가 크다.

7. 다양한 방식으로 칭찬하라. 때론 말로, 때론 편지로, 때론 문자메시지로 칭찬을 전달하라. 레퍼토리가 다양하면 그만큼 멋진 사람으로 각인된다.

독특한 데이를 만들자

게으름을 피우며 지각해도 좋은 데이를 만들어 놓은 회사가 있어 화제다. 이게 무슨 소리인가 싶겠지만 사실이다. 어쩌면 이런 데이를 만들어 놓았다는 자체가 편한 일이 될 수도 있다. 듣기만 해도 재미있지 않은가 말이다.

그런데 공공연하게 지각해도 된다고 회사에서 공식적으로 허락까지 해주니 얼마나 신이 난단 말인가. 더군다나 이러한 제도를 도입한 취지가 집과 회사를 오가며 현실에 부대끼는 우리네 한국 아버지들을 위한 배려라고 하니 더욱 더 감동적이다.

편은 사람의 마음과 정신을 즐겁게 해주는 필수조건이다. 개인의 즐거움은 곧 사회의 즐거움이며 나아가 국가의 즐거움이다. 국가의 즐거움이 무엇인가? 그것은 곧 국가경쟁력이다. 즐거움이 풍부한 개

인과 기업과 국가는 당연히 성공할 수밖에 없다.

즐거운 일터에서 재해가 생길 리 없으며 집중력이 떨어질 리 없고 생산성이 낮아질 리 없다. 직원들의 사기를 15% 올리면 생산성은 40%나 향상되는 효과가 있기 때문이다.

오리온제과의 경우 '편한 옷에서 좋은 아이디어가 나온다'는 슬로건을 걸고 매주 수요일을 '맵시 데이'로 선정했다고 한다. 이 날이 되면 직원들은 평상복차림으로 출근해 패션 감각을 마음껏 뽐낸다는 것이다. 일주일에 하루 산뜻하고 새로운 기분이 될 수 있어 마음까지 밝아진단다.

맵시 데이의 절정은 베스트 드레서이다. 이 날 베스트 드레서로 뽑히게 되면 베니건스 외식상품권을 받게 된다.

위의 경우도 옷차림에 신경을 쓰며 출근을 하는 경우이지만 가장 옷차림에 신경을 쓰는 곳은 아무래도 패션업체 쪽이 아닐까 싶다. 그래서 J모직의 경우 매주 금요일 캐주얼 데이를 만들어 직원들의 패션 감각도 점쳐보고 기분전환도 하는 기회로 삼고 있다고 한다.

제일기획은 교류가 드문 부서끼리 연합해서 1년 동안 사내 행사를 함께 진행한다고 한다. 이렇게 해서 결합된 팀은 연 2회씩, 금요일 아침에 이벤트를 개최하며 아침식사를 제공하는 '굿모닝 프라이데이'를 실시하게 된다.

포항제철소의 경우, 펀리더스 데이라는 것을 개최해 즐거움과 보람까지 함께 얻고 있다고 한다. 이러한 특별하고도 재미있는 데이들은 힘들고 고된 일터에서 사기진작과 생산성 향상에 아주 필수적이다. 그런가 하면 주식회사 좋은사람들은 그 기업의 특성을 최대한 살린 '파자마 데이'를 만들어 화제가 되고 있다.

잠잘 때만 입는 파자마를 근무하면서 입는다는 파격적인 생각을 하게 된 것은 몸의 긴장감을 풀고 유쾌한 분위기로 일을 하자는 취지라고 한다. 처음엔 어색하고 쑥스러웠지만 지금은 아이디어도 더 잘 떠오르고 활기찬 분위기가 되었다고 한다.

박장대소 7대 운동을 직장에서 실천하자

웃음 bow - 4단계 인사법 1단계 : 안녕하세요, 2단계 : 악수, 3단계 : 하하하, 4단계 : 칭찬

웃음 line - 웃음 라인을 지정하여 그 선을 넘거나 밟을 때 마다 10초간 웃기

웃음 time - 하루 세 번 9시, 12시, 18시 등 특정시간을 정하여 전체가 웃기

웃음 zone - 웃음지역을 선정하여 그 장소에서 머물거나 통과할 때 20초 이상 웃기

웃음 day - 멥시데이 ,과일데이, 피자데이, 아이스크림데이, 사다리타기데이, 족구데이, 피구데이, 문화데이, 댄스파티 데이, 안마데이, 사우나데이, 등산데이,삼겹살데이, 영화연극 문화데이, 회의시간에 웃기

웃음 칭찬 mail 핸드폰, 이메일, 가드, 칠판, 홈페이지 게시판에 칭찬하기

웃음 leader - 1개월, 1년간 가장 많이 웃는 직원에게 펀리더, 킹, 퀸 선정, 왕관 수여

이 7대 운동은 편한 일터를 만들기 위한 아주 기본적인 방법들이다. 이와 같은 실천 방법들은 직원들을 웃음이 넘치게 할 수 있는 아주 간단한 방법이지만 막상 실천하려고 하면 어색해 하는 사람들이 많다.

실행 초반에는 억지웃음을 지어야 하기 때문인데 이럴 때일수록 억지로라도 웃음을 지어야 한다. 처음엔 억지였을지 모르지만 이내 진짜 즐거운 웃음이 되고 금세 상대방에게 전염이 되기 때문이다.

생각만 해도 미소 짓는 회사가 되게 하라

기분좋은 사람을 만나러 가는 발걸음이 가볍듯이 일을 하러 가는 발걸음도 얼마든지 즐겁고 가벼울 수 있다.

모 디자인회사에 다니는 L대리는 회사에 나가 자신이 하고 싶은

일을 하고 그 일에 대한 정당한 대가와 대우를 받으며 동료들과 함께 일하는 것이 즐거워 아침이 되면 저절로 즐거워진다고 한다.

생각만 해도 미소를 짓게 만드는 회사, 그런 회사의 조건은 무엇일까. 바로 직원들 간의 화합과 정당한 대우와 일을 저절로 하고 싶도록 만들어주는 환경이다.

그러한 조건들을 실시해서 좋은 반응을 얻고 있는 LG전자는 인센티브제도를 실행, 핵심기술을 개발한 직원에게 1억 원씩을 지급하고 있다고 한다. 그런가 하면 K정보통신은 칭찬 쿠폰제나 베스트 프렌즈 제도를 만들어 직원들간의 돈독한 정을 쌓아 가고 있다고 한다.

물론 그렇게 해서 뽑힌 직원들에게는 상품도 지급된다.

직원이 행복하면 고객이 행복하다

삼성전자가 동일업계에서 고객들로부터 호평을 얻은 가장 큰 이유는 바로 서비스 때문이었다.

서비스가 무엇인가? 그것은 곧 고객만족도이다. 고객이 만족하려면 우선 제품도 좋아야하겠지만 그 제품의 애프터서비스도 좋아야 하는 것이다.

고객이 감동하는 이유는 친절과 정성스러운 응대이다. 이렇듯 고객이 감동을 받으려면 먼저 직원이 감동해야 한다. 직원이 감동하면 자연스럽게 고객감동으로 이어지기 때문이다. 이러힌 현상온 곧 기업의 수익성과 직결된다. 그러므로 기업은 직원 개개인의 행복과 안녕을 지키는 데 우선순위를 두어야 한다. 그것이 바로 편경영의 기본이기 때문이다.

그리고 직원들이 소속된 기업에 강한 자부심과 소속감과 일체감을 느끼게 해주어야 한다. 그러기 위해서는 그 기업만의 독특한 제도나 문화양식 등을 갖출 필요가 있다. 직원들은 그들만의 독특한 문화를 고유한 문화로 지키기 위해 열과 성을 다 할 것이다.

또 직원들로 하여금 경쟁력을 기르도록 도와주어야 한다. 직원들의 경쟁력은 곧 기업의 경쟁력이다. 그들의 능력이 글로벌경쟁시대에 걸맞게 올라 설 수 있도록 투자를 아끼지 말아야 한다.

이 모든 편경영이 직원 개개인에게는 물론이고 그들의 가족들에게까지 편한 경영이 될 것이다.

직장에서 편 데이

- 회의시간 웃기 – 개인기, 퀴즈, 유머하기, 노래하기, 칭찬하기, 10초간 웃기, 10초간 박수치기.
- 맵시데이 – 매월 1일에는 캐주얼 복장, 독특한 복장으로 출근하는데 맵시상을 수여.
- 호프노래방데이 – 매월 말일 경에 부서별로 호프집이나 노래방을 간다.
- 칭찬데이 – 칭찬운동으로 칭찬카드, 폰메일 보내기.
- 촌극데이 – 1년 중 창립기념일이나 단합대회 때에 부서별로 촌극.
- 프리데이 – 매주 수요일은 결재나 야근이 없고 가정에 봉사하는 날.
- 문화데이 – 부서별로 영화, 공연, 전시장을 찾는다.
- 비타민데이, 아이스크림데이 – 과일, 과자, 피자, 아이스크림, 드링크 등 을 나눈다.
- 사다리데이 – 사다리를 그려 선택하여 걸리면 적절한 것을 한턱 낸다.
- 역할바꾸기데이 – 1년에 한 번씩 사장과 직원간의 역할을 바꾼다.
- 스킨십데이 – 오후 나른한 시간에 서로에게 안마를 해준다.
- 크레이지데이 – 미치는 날을 정하여 노래방, 나이트클럽, 호프집, 산행, 새벽 산책, 특별강좌개설 등으로 즐긴다.
- 단합대회 – 년 1회 편경영 워크숍, 운동회, 야유회, 축제, 송년회 개최.
- 운동, 경연데이 – 피구, 족구, 배구, 축구, 포켓볼, 온라인 게임등.
- 파이팅데이 – 소리를 지르며 파이팅하는 날로 누군가 선창을 하면 그 동작과 함께 따라 한다.   예를 들어 기쁘게, 예쁘게, 우습게, 겁나게, 신나게, 섹시하게, 유쾌하게, 통쾌하게, 상쾌하게, 후끈하게, 화끈하게, 졸나게, 징하게, 넓게, 깊게, 크게, 놀랍게, 아름답게, 시원하게, 웃기게, 두껍게.

펀 리더십으로
다른 사람을 사로잡는 비결

"생각만 해도 기분이 좋아지는 사람이 있다. 나에게도 그런 사람이 한 명 있는데, 그를 만날 때면 왠지 기분이 좋아지고, 나까지 활력이 생기는 느낌을 받곤 한다."

만나면 즐거운 사람과 마주보고 한바탕 웃고 나면 그 만남은 즐거운 기억으로 남게 되고, 그로 인해 그와의 다음 만남을 기다리게 된다. 그 사람에게는 사람을 끌어당기는 묘한 매력이 있기 때문이다.

얼마 전 TV에서 선남선녀가 짝을 이루는 프로그램을 본 적이 있는데, 사회자가 첫인상을 보고 파트너를 정하라고 하자 여자 출연자들은 하나같이 직업이 평범하더라도 잘생긴 남자를 선택했다. 반면 남자 출연자 중 사법고시를 보고 사법연수원에서 연수 중인 조금 못생긴 법조인은 아무도 선택하지 않았다.

그런데 조금 뒤 2차 선택에서는 의외의 상황이 벌어졌다. 그 인기 없던 법조인이 장기자랑 코너에서 재치 있는 유머감각으로 순식간에 방청객과 여자 출연자들의 마음을 사로잡은 것이다. 결국 2차 선

택에서 그는 만장일치로 최고 인기상을 받았고, 최종 선택에서도 여자 출연자 중 가장 어여쁜 파트너와 짝을 이룰 수 있었다. 유머감각이 사람의 마음을 사로잡는 매력이 될 수 있음을 보여준 사례이다.

잘 웃는 사람들에게서는 색다른 느낌을 받을 때가 있다. 우리 직원 중에도 유달리 잘 웃는 직원이 한 명 있는데, 그는 늘 웃어서 그런지 아이디어 회의를 할 때마다 가장 적극적으로 아이디어를 제시하곤 한다.

그 사람을 보면 역시 웃음이 결국 아이디어를 만들어 내는 제조기가 될 수 있음을 알 수 있다. 웃음은 그렇게 자신의 능력을 초월하는 보이지 않는 힘으로 작용할 수도 있는 것이다.

취업전문 사이트인 〈인크루트〉에서 구직자를 대상으로 '면접시 적절한 유머가 합격에 도움을 줄 것인가?'에 대해 설문조사를 한 결과, 응답자의 74.9%가 '그렇다'라고 응답했다고 한다.

또한 대기업 및 중소기업 69개사를 대상으로 한 설문조사에서도 82.6%(57개사)의 기업들이 '면접 시 적절한 유머가 플러스 요인으로 작용한다'고 응답한 것으로 나타났다.

이제 기업에서도 성실, 근면한 태도와 함께 유머감각을 인재채용의 조건으로 고려하고 있음을 알 수 있는 결과들이다.

한편, 삼성경제연구소에서 SERI CEO회원들을 대상으로 실시한 설문조사에도 비슷한 결과가 나왔다. CEO의 80%가 '유머 있는 직원을 우선 채용하고 싶다'라고 밝힌 것이다. 이는 '유머감각은 직장 내 인간관계뿐만 아니라 팀 분위기를 이끌어 가는 활력소가 된다.'는 사실을 CEO들도 인정하고 있음을 의미하는 것이다. 이처럼 유머감각은 이제 개인적인 특기를 떠나 점차 사회생활의 성공요소로 자리를 잡아가고 있다.

유머의 사전적 용어는 남을 웃기는 말이나 행동이다. 그와 더불어 '우스개, 익살, 해학, 희언(戲言), 농담'과 같은 맥락으로 쓰이기도 한다. 유머로 인해 웃음을 자아내기 때문에 유머는 늘 웃음을 동반한다. 그러나 웃음을 유발하는 유머가 항상 긍정적인 결과를 가져오지는 않는다. 상대방을 짓누르며 웃음을 유발하는 유머는 당시에는 사람들을 웃게 만들 수 있지만, 그 사람에 대한 존경심을 잃게 만들기도 한다.

예를 들어 비즈니스 관계로 사람을 만난다고 치자. 만나자마자 곧바로 사업얘기를 하면 서로가 머쓱해질 뿐만 아니라 자기의 주장만을 펼치려고 할 것이다. 그러나 만나서 일이 아닌 다른 일상생활을 얘기하면서 유머를 끄집어내어 서로 웃게 된다면 긴장감은 사라지고 상대에게 마음을 열게 되는 효과를 가져온다. 유머를 동반한 웃음은 비즈니스 상에서의 강점으로 작용하기 때문이다.

나는 웃음이 직업인 나를 부러워하는 사람들을 자주 만난다. 나 또한 이런 내 직업이 '다시 태어나도 난 웃음강사'가 되고 싶을 만큼 좋다. 하지만 내가 웃음강사가 되기까지 결코 평탄했던 것만은 아니다. 어렵게 독학을 하고 사회복지사를 일을 하면서 눈물로 보낸 세월도 많았다. 그렇게 해서 힘들게 대학교수직을 얻었지만 나의 삶이 행복하지는 않았다. 그래서 교수라는 안정된 자리를 박차고 나와 웃음을 전파하러 다니기 시작했던 것이다. 나로 인해서 누군가가 웃을 수 있고 기뻐할 수 있다는 자체에 보람을 느꼈고 자원봉사를 통해 환우(患友)들의 병을 치료하면서 나 스스로도 행복했었다.

그렇게 웃음을 전파하러 다닌 지 2년째 되는 어느 날, 늘 웃는 나에게 사람들이 몰려들기 시작했고 내 웃음은 내가 좋아서 웃는다기보다는 다른 사람들에게 힘이 되어 준다는 것을 깨닫게 되었다.

요즈음 나는 "성공해서 웃는 게 아니라 웃다보니 성공하더라"라는 말을 몸소 체험하고 있는 중이다. 웃음은 내가 건강하기 위해서도 필요하지만 내가 웃음으로써 상대방을 더욱 편안하게 해 줄 수 있기 때문에 더 필요한 것이다. 조직의 장이 웃음으로 조직을 이끌어나간다면 조직 내 갈등이 결코 생겨날 수 없다. 그것이 바로 성공을 부르는 첫 번째 조건이고 시작이며 편 리더십이다.

인간은 평생을 살면서 23년 일하고, 20년 잠자고, 5년을 화내고 3년을 기다리고, 1년을 화장실에서 보낸다고 한다. 결과적으로 웃는 시간은 겨우 10일 정도라고 하니, 우리 인생이 너무나 아깝다는 생각이 든다.

우리가 잠을 자면서 웃을 수는 없을 것이고 화내거나 기다리면서 웃는 사람 또한 없을 것이다. 그러기에 일하면서 웃을 수 있는 시간을 많이 만드는 것이 중요한데, 특히 비즈니스를 하면서 웃을 수 있다면 그야말로 정말 행복한 일일 것이다.

그러니까 결론은 남을 잘 웃기면 성공한다는 얘기다. 유머감각이 뛰어난 사람들은 그렇지 않은 사람들에 비해 호감도와 친근감에 있어서 훨씬 더 강하게 어필할 수 있다. 그래서 능력있는 사람은 곧 유머감각이 있는 사람이라는 공식이 성립하는 것이다.

리더십이 강한 사람들은 유머능력도 가히 리더급이다. 개그맨들이 한창 김대중 전 대통령의 성대모사를 할 즈음 그는 '내 목소리를 흉내 내면서 로열티 한 번 내지 않고, 과일상자 하나 안 보내더라'고 해 만인에게 웃음을 선사한 적이 있었다.

사회적으로 존경받는 인물 중에 또 한 사람, 유머와 위트를 동시에 겸비한 사람이 있다. 바로 최근에 선종한 교황 요한 바오로 2세다. 그의 유머를 듣고 있노라면 그가 정말 그 근엄하고 위엄 있는 교황인가 라며 의문을 가질 정도라고 한다.

그는 병원에 입원해서까지도 전혀 아픔 내색을 하지 않고 오히려 측근에게 '의사가 나한테 무슨 짓을 했느냐?'며 능청스러운 농담을 던졌다고 한다. 그의 이러한 재치 있는 유머와 따스한 인성은 가톨릭 신자들에게는 물론 전 세계인들의 존경과 사랑을 한 몸에 받는 비결이 되었다. 이렇듯 유머는 남을 배려하는 마음이다. 누군가에게 웃음을 선사하고 그의 웃는 모습을 지켜보는 일은 행복한 일이다.

이 시대는 더 이상 남들보다 능력만 출중하다고 해서 성공하는 사회가 아니다. 성공하고 싶다면 유머감각부터 기를 일이다. 지도자의 필수덕목에 유머능력이 빠진다면 최고의 리더십이라고 찬사를 듣기 힘들 것이다.

그렇다고 너무 걱정할 일은 아니다. 유머도 그렇고 리더십도 그렇고 날 때부터 다고나는 것이 아니기 때문이다. 노력하고 훈련하면 누구든지 최고의 유머리스트가 될 수 있고 최고의 리더가 될 수 있다.

그러기 위해서는 절대유머감각을 키워야 할 필요가 있다. 첫째 고정관념을 깨고 세상을 보도록 하자. 둘째 유머멘트를 적어두는 습관을 기르자. 셋째 적어둔 메모는 반드시 써먹자.

어떠한 극한 상황이라도 유머가 넘치고, 웃을 수 있는 비전적이고 긍정적인 사람이 펀 리더로서 적합한 사람이다. 머리보다는 손과 발, 그리고 가슴이 따뜻한 사람, 그리고 봉사하는 사람, 지식적인 사람보다는 지혜로운 사람, 서로 경쟁하기보다는 네트워킹하려는 자세를 가진 사람이다. 이런 사람은 성공할 수 있다.

가정에서의 펀 라이프

"펀 리더십이 꼭 기업에서만 이루어지는 것은 아니다. 가정 내에서도 진정한 펀리더십이 이루어진다면 우리 사회는 지금보다 훨씬 더 밝고 아름다운 사회가 될 것이다."

가정 내 펀 리더십은 주 5일제가 확립되면서 더 절실하게 요구되어지고 있는데 주말에 무엇을 할 것인가를 고민만 하고 앉아 있거나 하루종일 낮잠만 잔다면 진정한 행복은 기대하기는 힘들다.

좀더 자세히 말하자면 주 5일제는 직장과 가정을 잇는 펀경영 연결고리나 마찬가지인 셈이다. 주말을 어떻게 놀았느냐에 따라 주중을 어떻게 보낼 수 있느냐가 달려 있다. 그러니 노는 것과 일하는 것은 동전의 앞뒷면과 같은 것이다.

잘 놀 줄 아는 사람이 일도 잘 하는 법이라고 입에 침이 마르도록 말하는 이유도 다 여기에 있는 것이다. 물론 잘 놀려면 첫째 돈이 있어야 한다. 그동안 주 5일제 근무로 인한 가정 내 지출이 늘어 각 가정마다 고민 아닌 고민에 빠져 있다고 한다. 보통 가정의 경우, 월 소득의 10% 정도를 여가비로 지출한다고 한다.

돈이 해결된다고 모든 문제가 해결되는 것은 아니다. 매주 어디를 가느냐도 큰 문제인 것이다. 게다가 우리나라 같이 교통체증이 심한 곳은 길을 나서는 자체가 스트레스의 시작이다. 그러니 스트레스 풀려고 나섰다가 그보다 더한 스트레스만 잔뜩 짊어지고 집으로 돌아오는 꼴이 되고 만다. 그러므로 치밀하게 계획을 세우고 행선지를 정해야 한다.

또 한 가지, 과도한 비용을 치르면서까지 여가를 활용하려고 한다면 그 또한 문제인 것이다. 어영부영 시간만 보내는 주말도 여가비용을 과다로 지출하는 이유가 된다. 이 모든 것이 노는 법을 제대로 익히지 못하고 활용할 줄 모르는 것 때문이라는 해석이다.

실제로 우리나라 사람들의 여가시간은 텔레비전을 시청하는 것으로 거의 소비된다. 하지만 진정한 가정 내 편 경영이 어른 아이 할 것 없이 가족 모두가 즐거워야 하는 일이라는 것을 전제로 놓고 보자면 이는 결코 바람직한 일이 아니다.

미국의 빌 클린턴 정부 시절 로버트 라이시 장관이 갑자기 장관직을 그만둔 일이 있었다. 이유는 가족과 함께 시간을 보내기 위해서였다고 한다. 라이시 장관은 그제서라도 그것을 깨닫고 어려운 결정을 한 것이지만 현실에서 그런 결단까지 하기에는 여러 가지 사정이 뒤따른다.

그렇다고 방법이 전혀 없는 것은 아니다. 가장 중요하고 성공적인 가정 만들기의 키는 바로 가족 간의 공감대 형성이다. 중소기업 간부인 P씨는 위에 언급한 미국의 라이시 장관처럼 이제라도 가정의

편 경영을 필요성을 깨닫고 가정으로 돌아갔지만 또 다른 문제에 봉착하고 말았다.

그동안 너무나 멀어진 자녀와의 거리를 쉽게 좁힐 수가 없었던 것이다. 여전히 가족들의 대화에 끼지 못했고 설상가상으로 아내는 자신을 귀찮게 여기기까지 했다는 것이다. 이렇게 가족 간의 공감대가 이루어지지 않은 상태에서는 갈등이 더 심화되고 고조되기 마련이다.

이럴 때는 너무 서두르지 말고 하루하루 조금씩 노력해 보도록 하자. 우선 운동이나 취미생활, 혹은 요리 그 어느 것이라도 좋으니 가족 모두가 참여할 수 있는 활동을 하나 갖도록 하자.

물론 자녀들이 흥미를 가질 수 있는 활동이면 더욱 좋다. 이러한 활동의 주목표는 가족 모두가 참여하는 것이고, 그보다 더 중요한 것은 그 가족 모두가 재미있어야 한다는 점이기 때문에 신중하게 선택

해야 한다. 그것이 바로 펀 리더십의 핵심이기 때문이다.

이렇게 꾸준히 노력하다보면, 멀어질 때도 나도 모르는 사이 조금씩 멀어졌듯이 가까워질 때도 나도 모르는 사이, 그렇게 천천히 어느새 가까워질 것이다.

대기업 중견사원인 L씨는 주말이면 가족음악회를 연다. 몇 년 전부터 틈틈이 배운 악기들을 하나씩 가지고 거실로 나와 합주를 하는 것이다. 근사하고 하모니가 척척 들어맞는 음악회는 아니지만 가족 모두가 같은 시간에 같은 마음으로 한 자리에서 즐거움을 나눌 수 있다는 그 자체만으로 행복하다고 한다.

그는 음악을 연주하면서 자연스럽게 대화도 오가고 평소에 말하지 못했던 불만도 그닥 얼굴 붉히는 일없이 말할 수 있어서 좋다고 말한다. 음악을 연주하면서도 하지 못했던 얘기는 편지나 휴대폰 문자메시지, 혹은 이메일을 주고받는다는 것이다.

L씨는 가장 기본적이지만 그러나 가장 실천하기 힘든 진리, 가화만사성치국평천하를 제1의 과제로 여기며 산다고 했다.

집안이 평안해야 모든 일이 잘 풀리는 법이다. 개인의 편경영도 노력하지 않으면 아무 소용없듯이 가정의 편경영도 가족 구성원들이 다함께 노력하지 않으면 아무 효과가 없다.

어떤 방법이 좋다고 해서 무조건 따라 할 일도 아니고 효과가 좋다고 너도 나도 나설 일도 아니다. 그 가정의 고유한 방식과 취향에 따라 하면 된다.

회사원 K씨의 경우, 얼마 전부터 요리학원에 다니기 시작했다. 그가 만든 요리를 가장 먼저 시식해보는 손님은 바로 그의 아내이다.

온 가족이 둘러 앉아 자신이 만든 음식을 맛있게 먹는 모습을 보는 것이 일주일 중에 가장 큰 행복이라고 한다.

행복은 멀리 있는 게 아니다. 언제나 내 안에 잠재하고 있고 언제나 내 가족 안에서 숨 쉬고 있는 것이다. 다만 그것을 찾으려는 노력을 하지 않았을 뿐이다.

부모와 자식 사이의 펀 라이프Life

1. 자녀와 끊임없이 대화하려고 노력하라.
2. 자녀의 관심사가 무엇인지 보고 듣고 물어보라. 그리고 동참해 보라.
3. 자녀의 이성친구가 생기거든 부모 입장이 아니라 친구입장에서 들어 보아라.
4. 눈높이를 낮춘 대화를 하라.
5. '옛날에는…혹은 내가 자랄 때는… 식의 말을 하지 마라.
6. 신세대들의 용어에 관심을 가져라.
7. 자녀들의 학업 내용에 관심을 가져라.
8. 무조건 안 된다고만 하지 말고 안 되는 일을 한번 하라고 해보라.
9. 자녀에게 일하는 모습을 보여줘라.
10. 자식이 내 소유물이라는 생각을 버려라.

부부 사이의 펀 라이프

요즘엔 맞벌이 부부가 많이 늘었다. 무엇보다 여성들의 사회진출이 두드러졌다는 점에서 상당히 고무적이다. 그런데 문제는 부부가 같이 대화를 나누거나 취미 생활을 할 만한 시간적 정신적 여유를 제대로 누리고 있느냐 하는 문제이다.

아무리 사회적으로 성공한 사람이라 할지라도 가정경영이 원만하지 않다면 진정한 성공이라고 부를 수 없을 것이다. '가화만사성치국평천하'라고 하지 않았는가!

가정은 시간과 신뢰로 쌓여지는 높다란 탑과 같은 것이다. 근본적인 신뢰가 흔들린다면 그 탑은 올라가기도 전에 주춧돌부터 세워지지 않을 것이다. 그렇게 되지 않으려면 부부 사이에도 편경영이 필요하다.

우선 아내들에게 부탁하고 싶다. 아내들은 한 가족의 CEO이다. 남편과 자식은 곧 고객이 되는 것이다. 그렇게 생각하고 한번 가족들을 대해 보라. 반드시 변화가 생길 것이다. 그것이 바로 가정 편경영이다.

기업에서도 그렇듯이 가정에서도 '윈윈 전략'을 활용하면 좋다. 아이나 남편이 요구하고 바라는 것을 들어주고 아내 자신들도 원하는 것을 이루면 그것이 바로 윈윈전략이 되는 것이다.

가령 어차피 사주어야 할 물건이 있으면 아이에게 3일간 신발을 가지런히 벗어놓으면, 또는 일기를 빼놓지 않고 잘 쓰면, 이라는 조건을 붙이고 그것이 이루어졌을 때 사주면 된다. 하지만 너무 조건부로 흘러서는 안 된다. 적당히 조절하도록 한다.

또 아내들은 고객의 불평을 수용하듯이 가족의 불평을 조절해야 한다. 때로는 CEO가 직원들을 아우르는 것처럼 가족을 애정 어린 말로 아우를 줄도 알아야 한다.

기업주가 한 기업을 잘못 경영하면 그 기업이 망하듯이 아내가 가정경영을 잘못하면 그 가정은 망하게 된다.

우리나라 남편들은 아내에게 다정다감한 면에서는 그다지 좋은 점수를 얻지 못하고 있는 게 현실이다. 구조조정이다 감봉이다 해서 그나마 눈치 안 보고 집에 들어갈 수 있으면 그것이 오히려 다행이라고 안도의 한숨이라도 내쉬어야 할 판국이다. 하지만 이런 때일수록 가정의 편경영이 더욱 더 절실하다. 웃음은 금은보화가 쌓인 자리에서 피어오르는 것이 아니라 사랑이 쌓인 자리에서 피어오르는 것이다. 힘이 들면 일부러 에둘러 가고 잠깐 쉬어 가는 방법도 괜찮다.

오래도록 대화가 끊긴 부부라면 주말을 이용해 가까운 교외에 나가 외식을 해도 좋고 아니면 그냥 드라이브라도 하고 오는 것도 좋다. 마음먹고 멀리 나가려고 하면 더 더디고 망설여지는 법이다. 쉽고 자연스러운 방법을 부부에 맞게 실천하면 된다.

시간이 허락된다면 생각난 즉시, 의견통합이 이루어진 즉시, 길을 나서보자. 둘이서만 있는 시간과 장소를 만들다 보면 안 하려고 했던 얘기도 자연스럽게 나오게 되고 서운하고 답답했던 마음도 눈 녹듯 사라진다.

부부는 일심동체라고 했다. 어느 한 사람만의 노력으로 가정편경영이 이루어지지는 않는다. 다음 다섯 가지는 우리가 부부로 한해 두해 살다보면 점점 희석되고 잊혀지는 것들이다.

칭찬거리를 찾자
칭찬이 고래도 춤추게 한다는데 하물며 아내와 남편을 춤추게 못하겠는가. 칭찬은 인간이 쓸 수 있는 말 중에 가장 아름다운 말이다. 설사 가식이나 오버가 섞인 칭찬일지라도, 잘함의 정도가 극히 미비할지라도 배우자를 극진히 칭찬해보자.

칭찬하다 보면 처음엔 그렇지 않던 것들이 어느 날 진짜 능력이 되고 실력이 되며 진짜 모습이 되기도 하는 사례를 나는 실제로 본 적이 있다.

그것이 바로 칭찬의 매력이요, 마력이 아닐까?

하루에 단 십분이라도 좋으니 대화를 하자

부부가 살면 살수록 대화가 점점 줄어드는 현상이 빚어지고 있다. 오죽하면 이런 우스갯소리가 있다. '10년 동안 거의 대화 없이 살다가 이혼 전날 대화를 가장 많이 해보았다'고.

대화는 소통이 가능하다고 판단되어질 때 비로소 대화의 장이 열리는 것이다. 말해봤자 아무 소용없다는 생각이 들면 말하고 싶은 의욕마저 상실하게 되는 것이다. 그러므로 대화를 하기 전에 우선 대화 능력부터 키워야 한다. 무조건 자기 생각을 윽박지르고 강요하는 타입의 대화는 안 하니만 못하다.

입이 열기기 전, 귀를 열어두어라. 입을 여는 일보다 두 배나 어렵고 더딘 일이지만 그것도 습관이 되고 연습하다 보면 대화의 기술이 된다.

아침 출근할 때, 잠자리에 들기 전에 꼭 인사를 하자

언뜻 닭살스러울 수 있다. 하지만 부부만의 대화에 좀 닭살스러우면 어떠랴. 둘만의 언어나 생략어로 인사를 나누자. 둘만의 비밀어를 갖는다는 것, 그것도 때로는 자극이요, 편부부가 되는 지름길이다.

가끔 부부 워크숍을 다녀오자

부부가 같은 차를 타고 같은 곳을 향해 떠나는 일, 쉬운 것 같으면서도 쉽지 않은 것이 현실이다. 워크숍은 기업에서만 하는 것이 아니다. 가정도 엄격한 사회이고 경영차원에서 기업이라면 기업일 수 있다.

멀리 가는 것이 부담스러우면 가까운 뒷동산이나 집 앞 공원도 좋다. 둘이 나란히 손을 잡고 동네 한 바퀴를 돌아도 좋고.

거대하고 치밀한 계획을 세우는 워크숍이 아니어도 좋으니 오늘 저녁 뭐 먹을까, 이번 주말 어떻게 보낼까, 등 일간, 주간, 월간의 계획들을 상의하며 한번 걸어보자.

가정은 자식 중심이 아니라 부부중심이 되도록 하자

부부 사이에 아이들이 생기기 시작하면 이제 낭만은 먼 기억 속 아련한 이야기가 되어버린다. 한 끼 식사도 아이 위주로, 외출도 아이 위주로, 잠을 자는 장소까지도 모두 바뀌어 버린다.

그러다 보면 부부 사이가 자칫 소원해질 수 있다. 부부의 24시간이 아이 중심이 되는 그 시기부터 진정한 부부의 펀 라이프가 시작되어야 하는 것이다.

아이가 이렇기 때문에 이래야 한다, 라는 전제에서 조금은 비껴서보자. 약간 이기적이 되어도 좋으니 우리 부부가 이래서 이래야 한다,로 전제를 바꾸어 생각해 보자. 부부가 행복하다면 아이들이 행복하지 않을 리 없다.

긍정적인 사고의
소유자가 되라

"긍정적 사고와 부정적 사고는 동전의 앞뒷면과도 같은 것이지만 결과론적으로 보면 천양지차이다. 긍정적 사고를 가진 사람은 모든 일을 희망적이고 열정적으로 생각하는 반면, 부정적인 사고를 가진 사람은 비관적이고 절망적으로 생각한다."

사람을 웃게 만드는 가장 큰 이유는 무엇일까? 그것은 웃기는 말을 들었을 때이다. 하지만 아무리 웃기는 말을 들었을 때라도 웃으려는 의지와 심상이 편치 않을 때는 그 웃음의 강도가 약해질 것이다.

하지만 항상 긍정적인 사고를 가지고 있는 사람이라면 이야기는 달라진다. 조금만 웃기는 얘기를 해도 그는 그 이야기의 효과 이상으로 웃을 수 있게 되는 것이다. 그 사람 내부에 웃으려는 잠재력이 내재하고 있기 때문이다. 다시 말해 온몸에 웃음의 싹이 돋아나 있다고 보면 된다. 그 웃음의 싹이 바로 긍정적인 사고이다.

긍정적 사고는 정신과 신체를 모두 밝게 만들고 에너지를 배가시키며 능력을 극대화 시킬 수 있는 사고체계이다. 물론 개인은 물론

사회적으로도 유효한 인간형들이다.

이런 사람들의 특징은 스트레스 상황에서도 엔돌핀의 분비가 그렇지 않은 사람들에 비해 더 많은 것으로 밝혀졌다. 엔돌핀은 통증을 감소시킬 뿐 아니라 면역기능을 증가시키는 유익한 기능이 있다.

반대로 부정적 사고는 매사에 소극적이고 불만이 많으며 냉소적이다. 그러므로 자신이나 자신의 일에 만족하지 못하고 나아가서는 사회나 국가 자체에 만족을 느끼지 못한다. 일의 효과 면에 있어서도 득이 되지 않는다.

긍정적이고 아름다운 사고는 유익한 호르몬을 생성시키며 병을 치유하는 역할을 하기도 한다. 긍정적 사고는 성공의 단초가 되기도 하며 실패나 고통을 이겨나가는 커다란 힘을 제공하기도 한다.

이러한 긍정적인 사고는 훈련하면 이루어질 수 있다. 유대인들이 어렸을 때부터 프림이라는 명절날 미워하는 재상 이름, 혜망을 씹어

먹으며 길렀던 그 유머감각도 모두 훈련되어진 유머감각이었듯이 우리 머리를 그렇게 훈련시키면 가능해진다. 하지만 틀에 박힌 사고만을 고집한다거나 세상 사람들을 넓게 포용하는 노력을 하지 않는다면 그 훈련은 더디게 발전할 것이다. 창의적인 생각과 열린 마음으로 세상과 사람들을 받아들이는 마음, 그것이 바로 긍정적인 사고의 시초일 것이다.

이렇듯 사고방식의 차이는 인생 자체를 바꾸어버린다. 물이 반컵 담긴 것을 모습을 보면서도 둘의 차이는 극명하다. 긍정적인 시각으로는 '물이 반이나 남았다'고 말을 하겠지만 부정적인 시각으로는 '물이 반밖에 없구나'라고 말을 하기 때문이다.

이것은 단순하게 물이 담긴 모습만을 표현하는 것으로 끝나는 이야기가 아니다. 그들이 삶을 어떻게 살아나가느냐 하는 중요한 것으로 발전되기 때문이다. 인생을 받아들이는 수용자세부터가 달라서이다. 어떤 한 가지 일을 두고도 해석하는 방법이 달라지고 그 과정을 이해하려는 의지와 노력조차도 달라진다. 그리고 종래에는 그것을 적극적으로 삶에 치환시켜 도움을 받는 타입과 그렇지 않은 타입으로 나뉘어지는 것이다.

낙천적인 성격의 사람들은 웃음이 많다. 그만큼 마음의 여유가 있다는 얘기다. 이런 사람들의 특징은 어떤 악조건에서도 그것을 이겨낼 능력을 갖추고 있다는 것이다.

물에 빠진 두 사람이 있다고 치자. 지나치게 허둥대다가 힘이 다빠져 살아나올 수 없는 경우와 힘을 아끼며 산소의 소모를 최소화하려는 사람. 이 두 경우는 너무 극명한 예이지만 낙천적인 사람들은 결코 극한 상황에서도 그렇지 않은 사람보다 더 오랫동안 버틸 수 있는 것이다. 뿐만 아니라 비관적인 사람들은 낙천적인 사람들에 비해 전염병에도 두 배정도 더 많이 걸리는 것으로 알려져 있다.

극한 상황에 봉착했다고 해서 절대로 두려워하거나 겁먹지 말고 긍정적인 생각을 먼저 하자. 그러기 위해서는 평소에 운동을 열심히 해서 육체적인 건강도 관리해야 한다. 건강한 신체에 건강한 정신이 깃든다고 하지 않았는가. 그리고 나 자신을 즐겁게 만드는 펀 라이프에 힘쓰자. 그러기 위해서는 유머감각을 기르는 일이 필수적이다.

스트레스를 받지 않으려는 노력 또한 게을리 하지 말아야 한다. 스트레스를 받게 되면, 에너지를 스트레스 해소에 써버려야 하기 때문에 침과 소화액의 분비가 억제되고 위장의 운동이 줄어들게 된다.

우리 몸은 건강관리만 잘 하면 의학적으로 120년은 산다고 한다. 몸도 잘 관리해야 하겠지만 정신건강도 잘 관리해야 한다.

열정을 가지고 일을 하고 생활하는 사람은 대부분 긍정적인 사고를 가진 사람들이다. 그렇게 열심히 하기 때문에 성공하는 것은 당연한 결과이다. 덩달아 그 주변의 사람들까지도 신이 나고 기분이 좋아진다. 그래서 클리브랜드 대통령도 이런 말을 하지 않았던가.

"긍정적인 사고에 따르느냐, 부정적인 사고에 따라 행동하느냐에 따라 당신의 인생은 하늘과 땅만큼이나 다른 인생이 됩니다. 당신의 목표를 달성하려면 늘 긍정적인 생각만 하십시오."

긍정적인 사고에 관한 일화가 또 하나 있다. 처칠이 전쟁터에서 '전쟁은 웃으면서 하는 거야'라고 한 말이다. 사람을 죽이고, 죽어나가는 그 전쟁터에서 그렇게 낙천적일 수 있다는 것도 놀랍지만 그의 그런 낙천적이고 긍정적인 태도가 훗날 그를 지도자로 만들었다는 것도 놀랍다. 그렇다면 우리가 잠시 짚고 넘어가야 할 점 한 가지가 있다. 지도자의 필수적인 조건이 긍정적인 사고에서부터 비롯되는 것은 아닐지. 그리고 전쟁터와 같은 극한 상화에서도 긍정적인 말과 자세를 잃지 말아야 하는 것은 아닌지.

반드시 명심해 두어야 할 것이다. 당신이 지도자가 되려는 원대한 꿈을 가지고 있다면 말이다. 혹여 그렇지 않더라도 그 마인드는 반드시 훈련하자.

살면서 어려움은 누구나가 만나는 장애물이다. 단지 그 장애물을 어떻게 얼마나 빨리 뛰어넘을 수 있느냐가 문제인 것이다. 똑같은 장애물도 긍정적으로 받아들이는 사람에겐 그 무게가 덜 느껴진다. 반면 부정적으로 받아들이는 사람에겐 그 무게도 훨씬 더 하거니와 결과도 안 좋다.

모든 일은 마음먹기에 달려 있다. 할 수 없다고 생각하면 정말 그렇게 할 수 없어지지만 할 수 있다고 생각하면 그것은 무한한 가능성과 능력을 가져오며 할 수 있게 된다. 그러한 자신감은 마침내 성공한 삶으로 이어진다. 마인드 컨트롤을 하는 방법도 도움이 된다. '나는 할 수 있다. 나는 할 수 있다.'라고 반복하다 보면 어느새 나도 모르게 그렇게 되어 있는 나를 발견하게 된다. 내가 나를 조종할 수 있다는 것은 그만큼 내가 나 자신에게 자신감이 있다는 증거일 것이다.

내가 나에게 갖는 자신감, 그것은 저절로 이루어지는 것이 아니다. 자기 자신의 장점과 단점을 똑바로 파악하고 그것을 제대로 이용할 줄 아는 사람이다. 그런 사람은 실수가 적다. 지피지기知彼知己면 백전백승이 아니라 지기지기知己知己면 백전백승인 것이다.

나를 알고 또 알자. 그러면 백전백승이다.

윌리엄 제임스가 "생각이 바뀌면 행동이 바뀌고, 행동이 바뀌면 습관이 바뀌고, 습관이 바뀌면 성격이 바뀌고, 성격이 바뀌면 인격이 바뀌고, 인격이 바뀌면 운명이 바뀐다"고 한 말을 한번 곱씹어 볼 일이다.

Chapter 4

이기는 편 대화법

대화할 때의 신중함은 웅변보다 중요하다.

-B. 그라시안

In conversation discretion is more important than eloquence.

-Baltasar Gracian

펀 대화로 세상을 이겨라

우리가 인생을 살아나가는 데 필요한 덕목은 사실 한두 가지가 아니다. 인간관계도 좋아야 하고, 리더십이나 관리력도 필요하다. 거기에 창의력이나 기획력, 또 자기계발 능력에 이르기까지 실로 여러 분야에 걸쳐서 능력이 요구된다 하겠다. 인생에서 행복과 성공을 거머쥔다는 것은 그만큼 어려운 일이 아니겠는가.

그러나 그 가운데서도 무엇보다 중요한 덕목은 바로 인간관계이다. 사람은 홀로 살 수 없고, 다른 사람과의 유대 속에서만이 성공과 부와 행복을 얻을 수 있는 것이다. 그렇다면 다른 사람에게 호의를 얻고, 다른 사람을 내 편으로 만들며, 인간의 매력을 풍기면서 명예와 부를 얻을 수 있는 가장 바람직한 인간관계 기술은 과연 무엇일까?

그것은 바로 펀 대화법이라는 것이다. 펀 대화법이란 말 그대로 다른 사람과의 대화를 유머러스하게 하라는 뜻이다. 재치 있는 말주변이야말로 인생을 성공적으로 살아나가는 데 필요한 제1원칙인 것이다.

　인간에게는 웃고 싶어하는 본능이 있으며, 많은 사람들이 이런 본능을 충족시켜 주는 사람에게는 관심을 기울이며 호의를 갖기 마련이다.

　예를 들면 당신이 웃기는 이야기를 했다고 치자. 그러면 그 당시 상황이 어떠했던가에 상관 없이 일시에 당신을 중심으로 분위기는 밝아지며 주변 사람들은 유쾌하게 웃음을 터뜨리며, 지나가던 사람까지도 함께 웃음에 참여한다. 이렇듯 웃음은 강한 전파력을 가지고 있기 때문에 다른 어떤 방법을 쓰는 것보다 그 효과가 크게 번져나간다.

　인간관계란 사람끼리의 친화가 최우선이며, 웃음으로 맺어진 유대관계만큼 친근하고 호의적인 관계는 더 이상 없다.

　그러므로 평소 편한 대화를 잘하는 사람은 인간관계뿐 아니라, 사업성공, 리더십, 창의력, 행동력까지 많은 부분의 능력을 함께 겸비하고 있는 경우가 많다. 그러기에 세계 대부호들이나 입지전적으로 성공한 사람들의 특징은 언제나 낙천적이고 긍정적인 사고방식의 소유자로서 항상 편한 대화를 즐기며, 위기 속에서도 여유를 잃지 않고 다른 사람을 위로할 줄 아는 마음가짐의 소유자라는 것이다.

영국의 대부호 로스 차일드가 런던에서 영국 황실의 환심을 사서 재산을 모아 굴지의 부호가 된 데에는 바로 편 대화의 비결이 숨어 있었다.

그의 무기는 언제나 유머였다. 그는 말과 범선을 이용하여 유럽 대륙에 돌고 있는 최신 버전의 유머들을 재빠르게 수집하였고, 이런 유머를 가지고 가장 먼저 궁중에 소개하였으며, 그로 인해 커다란 인기를 얻는 데 성공하였다. 궁중에서는 그의 재미있는 이야기를 듣기 위해 언제나 그가 돌아올지를 기다리게 되었으니, 그의 착실한 계획은 맞아떨어졌던 것이다.

그는 이렇게 얻은 신임을 발판으로 당당히 자신의 꿈을 이루고 세계적인 성공을 거머쥔 것이다.

그럼, 편한 이야기 한 토막을 보자.

술에 취한 두 사람이 길에서 만났다. 그 중 한 사람이 다른 사람에게 물었다.

"저 위에 떠 있는 것이 해요? 달이요?"

그러자 다른 취객이 대답했다.

"글쎄요… 나는 이 근방에 살지 않기 때문에 잘 모르겠소."

아주 가볍고 짧은 이야기이지만 이 이야기를 듣고 웃지 않을 사람은 드물 것이다.

평소 어색하기만 했던 사람 앞에서, 또는 초면의 딱딱한 대화 가운데 이런 이야기를 한 토막 말할 수 있다면 당신을 중심으로 분위기는 금방 무르익고, 주변 사람들의 이목을 끌기에 충분할 것이다.

역사적인 인물들을 소재로 한 유머는 많이 알려져 있으므로 이야깃거리를 얻기도 그리 어렵지 않다. 관심만 있다면 도서관이나 서점만 찾아도 금방 실존 인물들에 관한 유머 일화를 접할 수 있다. 자신이 쉽게 활용할 수 있는 유머를 몇 가지 읽고 기억해 두었다가 적재적소에 재미있게 표현한다면 훌륭한 편 대화법을 실천하는 셈이 된다.

독재자 히틀러는 평소 자신이 암살당할지도 모른다는 생각에 두려움에 떨고 있었다. 그러다가 어느 날 점성가를 찾아가 이 문제를 의논했다. 점성가가 말했다.

"당신은 유대인의 경축일에 암살될 것입니다."

히틀러는 즉시 친위대 사령관을 불렀다.

"앞으로 유대인의 경축일에는 경비를 지금의 스무 배, 아니 오십 배로 하도록 하라."

그 말을 들은 점성가가 혼자 중얼거렸다.

그런다고 도움이 되나? 왜냐하면 그가 암살되는 날이 바로 유대인의 경축일이 되는 거니까."

이런 이야기를 언제 어느 때 하느냐에 대한 원칙은 없다. 그저 당

신이 생각하기에 분위기상 지금 이런 이야기를 하면 좋겠다 라고 인식되는 시간에 말하면 된다.

예를 들면 비즈니스에 앞서 어색한 분위기를 풀려고 할 때, 관심 있는 이성을 만나 호감을 얻고 싶을 때, 회의장에서 잠시 공백이 있을 때 등등, 기지를 발휘하여 편 대화를 실천한다면 여러 가지 기대 이상의 효과를 체험하게 될 것이다.

사람이라면 누구나 유머러스한 의외적인 이야기를 접하게 되면 웃음보를 터뜨리지 않을 수 없다. 편한 대화는 말하는 사람도 웃고, 듣는 사람도 같이 공감하고 웃는 것을 원칙으로 한다.

말하는 사람이 기껏 웃자고 한 말을 듣는 사람이 정색을 하여 심각하게 듣는다면 이것은 편한 대화라 할 수 없다. 그러므로 평상시에 유머를 말할 줄도 알아야 되지만, 상대방의 유머러스한 말에 대하여 유쾌하게 듣고 넘기는 태도가 반드시 필요하다. 그렇다면 편 대화를 함으로써 얻는 효능에는 어떤 것이 있는지 보자.

첫째, 지성을 갖추게 된다

편한 대화를 하는 데는 지성이 밑바탕이 되어 있어야 가능하다. 물론 그것을 받아들이는 사람도 이에 못지않은 지성을 갖추어야만 한다. 기껏 유머를 말하였는데 듣는 사람이 이해를 못하거나, 다른 뜻으로 곡해를 한다면 난감한 일이 아닐 수 없다. 더욱이 유머를 자신을 향한 공격으로 오해하거나 엉뚱한 방향으로 해석한다면 커다란 문제를 야기시킬 수도 있는 심각한 상황이 된다.

또 똑같은 유머를 계속해서 우려먹거나 반복하여 쓰면 이미 그 효과가 떨어진다. 그러므로 언제나 듣는 사람이 깜짝 놀랄 정도의 신선한 것을 준비해야 식상하지 않고 보다 좋은 효과를 볼 수 있다.

둘째, 위기는 펀으로 극복한다

대부분의 사람들이 정말로 위급한 상황에서는 유머를 구사하기가 어렵다. 위기나 좌절을 겪고 있을 때는 그만큼 고난도의 유머 상황이기 때문이다.

그런 때에도 편한 대화를 실천할 수 있는 사람은 자신이 처한 긴장된 상황에서 한 발 물러나 스스로를 객관화시켜 바라보고 웃을 수 있는 여유가 있어야 가능한데, 이런 여유가 어디 쉽겠는가.

그러나 위기상황에서 유머를 구사할 줄 아는 사람이야말로 진정한 위인이다. 그러므로 어렵게만 생각하지 말고 평소 유머감각을 익히고 습관화한다면 설령 위기상황이 닥친다 해도 이미 단련된 사람에게는 그리 어려운 일이 아닐 것이다.

오늘도 지각을 한 A씨, 부장의 싸늘한 눈초리에 잔뜩 겁을 먹고 다가간다.

"자네, 오늘 또 지각인가? 그래, 오늘도 버스를 놓쳤나?"

그러나 편으로 무장된 A씨의 답은 다르다.

"아닙니다. 오늘은… 아니, 글쎄 치약을 너무 많이 짜서 튜브에 다시 넣느라 시간이 늦어졌습니다. 그게 그렇게 힘든 일인 줄 몰랐습니다."

또 이런 경우도 있다.

"자네, 어젠 왜 결근을 했나?"

"아내가 임신을 했는데, 많이 힘들어 해서…"

"아, 그래? 그거 축하할 일이군. 그래 언제 낳지?"

A씨는 머리를 긁적이며 부끄럽게 말한다.

"그러니까… 아마 열 달쯤 뒤일 겁니다."

이런 상황은 흔히 있을 수 있는 일이다. 물론 그렇다고 해서 부장의 화가 쉽게 가라앉지 않을 수도 있지만, 이런 편한 답변을 듣고서 즉각적으로 화를 퍼부어 댈 사람은 없을 것이라는 데 공감할 것이다.

셋째. 세상을 향한 최강 무기를 손에 넣은 셈이다

유머감각이나 편 대화법을 하나의 기교로 생각하고 간단히 치부해 버린다면 결코 뛰어난 유머의 달인이 될 수 없다. 유머는 생활이며 운명이며, 모든 것이라는 인식이 있어야만 진정한 유머의 소유자

가 될 수 있는 것이다.

　유머감각을 생활화하는 민족으로 유대인들을 따라갈 사람들은 없다. 유대인들은 눈물과 고통 속에서도 웃음을 잃지 않는 편한 기질이 있었기에 5천 년이라는 기나긴 역사를 통해 그토록 가혹한 박해를 받으면서도 정체성을 잃지 않고 살아남을 수 있었던 것이다.

　그러므로 자신이 가진 어떤 능력이 있더라도 거기에 편한 대화를 즐길 수 있는 능력이 겸비된다면 당신은 세상을 향해 매우 유리한 무기를 손에 넣고 있는 것과 같다.

넷째. 창의력이 계발된다

　유대인들은 자녀들에게 어릴 때부터 웃음과 유머를 가르친다. 프로이트와 아인슈타인과 같은 훌륭한 인물로 성장하기 위한 빼놓을 수 없는 조건으로 그들은 유머를 꼽는 것이다.

　세계 석학을 어느 나라보다 많이 배출한 유대인들은 언제나 웃음과 유머를 최고로 소중하게 여기며 살았다.

　아무리 절박한 상황에 놓여도 유대인들은 웃음으로 중화시켜 나갔다. 그들은 자신이 처한 괴로운 상황에서도 충분히 웃을 수가 있었다. 그러나 다른 민족들은 웃음을 그렇게 중요하게 생각하지 않는다. 유머를 그저 일시적인 기분전환 정도로 간주하는 것이다. 그에 반해 유대인들은 웃음을 그 무엇보다도 중요한 덕목으로 생각하였다. 히브리어에서 지혜와 유머를 똑같이 '호프마'라는 말로 일컫는 것만 보아도 알 수 있는 일이다.

　탈무드에는 유머이자 동시에 지혜의 이야기가 많이 나온다. 예를 들면 한 랍비가 묻는다.

　"인간은 입이 하나인데, 귀는 두 개가 있다. 그 이유는?"

　한 사람이 대답한다.

　"이야기하는 두 배로 듣지 않으면 안 되기 때문이다."

　또 묻는다.

　"사람의 눈은 희 부분과 검은 부분으로 이루어져 있다. 그런데 왜 검은 부분으로 볼까?"

　"그것은 세계를 어두운 면부터 보는 편이 좋기 때문이다. 신께서 인간이 밝은 면에서부터 보아 너무 낙관적으로 되지 않도록 가르치고 있는 것이다."

　또 경건한 유태인 남자는 지금도 '키파'라고 부르는 작고 둥근 모자를 쓴다. 기도소에 들어가 기도를 할 때에는 누구나 다 이것을 써야만 된다.

'어째서 키파를 써야 하는가?'라는 물음에 대해 〈탈무드〉에서는 이렇게 대답한다.

"인간에게는 자기보다 높은 자가 있다는 것을 항상 생각나게 하기 위해서이다."

이런 문답은 두뇌를 훈련시키고 강화시키는 데 매우 탁월한 효과가 있는 것이다.

다섯째, 성격 개조가 된다

본래는 어둡고 부정적인 성격의 사람이라 할지라도 편한 대화를 습관화하면 성격이 명랑하고 밝아진다.

라 브뤼이에르는 "인생은 그것을 느끼는 인간에게 있어서는 희극이다"라고 말했다. 인생의 여러 모습 가운데 웃음의 재료는 얼마든지 찾을 수 있다. 인생의 밝은 면을 보고 웃음의 재료를 찾는 사람에게 저절로 생활의 활력이 솟아날 것이며, 웃음을 통해 진취적이고 열성적인 에너지가 용솟음치게 된다.

여섯째, 사랑을 얻는 데 유리하다

최근에는 유머감각이 있는 남자를 선호하고 있다는 연구결과가 많이 나오고 있는 만큼 편은 시대적인 트랜드가 되었다. 남녀 관계만큼 미묘한 것이 없다고 일컬어진다. 남녀가 서로의 마음을 밀고 당기는 것이 결코 만만치 않기 때문이다.

이런 이야기를 보자.

이탈리아의 시인이자 작가인 다눈초는 어느 날 미모의 여배우를 만나 어떻게 하면 그녀의 마음을 사로잡을까 연구하였다.

그러다 한번은 그녀를 만난 자리에서 이렇게 고백하였다.

"오, 너무도 아름다운 여인이여! 오오, 아름다운 여인이여, 당신은 그야말로 다눈초적인 여인이군요."

그 결과가 어떻게 되었는지는 전해져 오지 않지만, 현대적인 감각으로 볼 때도 상대 여성의 미소 정도는 충분히 자아내기에 부족함이 없는 유머감이라 할 수 있다.

또 세계 역사를 자신의 손안에 쥐고 있던 클레오파트라의 저력은 무엇이었을까? 이에 관한 짧은 일화가 전해진다.

이집트의 여왕 클레오파트라는 애인 안토니오와 함께 낚시를 하

러 갔다. 그녀는 미리 잠수부를 매수하여 안토니오의 낚싯바늘에 고기를 걸도록 해두었다.

그러면서 클레오파트라는 안토니오의 귓속에 속삭였다.

마이 달링! "안토니오, 낚시 따위는 어부에게 맡기고 당신은 세계를 낚으시지요."

이 말을 듣고 어떤 남자가 기분이 좋아지지 않겠는가. 실제로 이로써 클레오파트라는 안토니오의 마음을 사로잡아 세계 역사를 휘어잡는 실세를 거머쥐게 된 것이다.

이와 같이 편 대화는 인생을 살아가는 모든 부문에서 반드시 갖추어야 할 덕목임을 확인하였을 것이다.

공격은 편하게 받아쳐라

　세상을 살아나가다 보면 인간관계는 점점 더 복잡미묘해지며, 아무리 좋은 관계라도 한두 번쯤 갈등과 쟁투를 지나는가 하면, 한두 명쯤 적수가 생기기 마련이다. 그러나 마음에 들지 않는다고 해서 상대방을 무조건 배척한다면 세상을 살아나가기가 더욱 어려워진다. 게다가 사업 관계나 비즈니스에서 좋고 싫은 사람을 따져 가며 만난다면 결코 성공에 이를 수가 없다.

　그러므로 인간 관계에서 나에게 대적해 오는 사람에 대하여 잘 대처할 수 있는 방법을 터득하여 실천해 나가는 것이 오히려 바람직하다 하겠다.

　예를 들면 이런 순간이 있다. 말을 잘 나누다가 상대방의 기분에 따라 순간 난처한 공격을 당할 때가 있다. 말로 트집을 잡거나 공연한 시비조로 말한다거나, 노골적인 비난으로 얼굴을 붉히기도 한다.

　이럴 때 화를 내거나 불편한 얼굴로 맞받아치기보다는 오히려 편하게 받아치면 무안하지도 않고, 게다가 상대를 손쉽게 넉다운시킬 수가 있다.

또 말을 하는 중간에 상대방이 말 트집을 잡거나 갑자기 화를 내는 경우도 적지 않다.

예를 들면 곁에서 기침을 하는 것을 보고 이렇게 묻는다.

"감기라도 걸렸나?"

그러자 상대방은 시비 걸 듯이 대답한다.

"감기에 걸리면 안 됩니까?"

이쯤되면 막 가자는 거다. 만일 당신이라면 어떤 반응을 보일 것인가? 걱정해서 말을 걸었는데 이런 싸가지 없는 말투라니!

"누가 감기 걸리면 안 된다고 했냐. 태도가 왜 그래?"

대개는 이런 말이 튀어나가는데, 어쩐지 개운치가 못하다.

이런 상황에서의 현명한 방법은 조금 사이를 두고 상대방의 입장에서 생각해 보는 것이다. 퉁명한 반응을 보여 괜한 시비를 거는 것

은 아닐 것이다. 무언가 있다. 그래서 마음과 다르게 시비조가 튀어 나온 것이다. 이런 사람은 마음속으로는 미안해 하면서도 사과의 말이 나오지 않는다.

이런 상황을 눈치챘다면 웃으면서 자상하게 먼저 구조선을 보내 주자. 그것이 당신의 아량이다. 이때 편 대화를 시도하는 것이다.

"감기에 걸리니 목소리가 더 섹쉬한데?"

눈에 웃음을 담고 슬쩍 이렇게 능치는 것도 훌륭한 편 대화법이다. 그러면 상대도 대번에 마음을 푼다.

"죄송합니다. 회사에서 이러쿵저러쿵 말썽이 있어서 저도 모르게 흥분했나 봐요."

"그래… 회사에서 무슨 일인지 기분이 나빴나 보군."

이것으로 상황은 종료다.

편 대화법은 매우 간단하다. 약간의 익살스러운 분위기만 연출하는 것으로도 충분한 효과를 볼 수 있고, 미소 띤 얼굴로 상대를 부드럽게 대하려는 마음가짐에서 출발한다면 얼마든지 편한 대화가 나올 수 있음을 기억하라.

또 면전에서 노골적으로 나무라는 말을 듣게 되면 당신은 어떻게 대응하는가?

"대체 어떻게 된 거야?"

"이럼 곤란하지!"

"너무 무책임하군."

이렇게 공격적인 말을 들으면 대개는 얼굴이 시뻘개져서 창피하고 자존심이 상해서 부끄러움 때문에 할 말을 잃고 서 있기 마련이다. 왈가왈부를 따져서 곧바로 반론을 제기하기도 하고, 시시비비를 가리는 격렬한 말싸움으로 발전되기도 한다. 게다가 짧은 시간에 서로 이해하면서 물러서기가 쉬운 일이 아니다.

결과적으로 다음번에 다시 만나기에도 상당히 껄끄러운 사이가 되어버린다. 그러므로 이럴 때는 당신에게 잘못이 있건 없건간에 무조건 사과부터 하는 것이 요령일 것이다. 사과를 하는 것은 자신의 잘못을 인정하는 것이라고 생각하여 절대 사과를 안 하려는 사람이 있는데, 그런 생각은 자신이 옹졸하고 소심한 사람이라는 것을 증명하는 데 지나지 않는다.

이런 때, 펀 대화법으로 풀어나가면 훨씬 효과가 크다. 예를 들면 "죄송합니다. 제가 무식無識이 유식有識해서요" 하면 상대방은 처음엔 자신의 귀를 의심하는 듯 고개를 갸우뚱거리다가 이내 그 말뜻을 이해하고는 웃음을 터뜨리게 된다.

이런 상황에서 두 사람이 얼굴을 붉힐 일이 더 있겠는가. 그러므로 공격적인 장면에서도 이런 식으로 대화를 풀어나가는 것이 훨씬 더 현명한 방법이다.

웃음과 유머는 나를 변화시키고, 나의 존재를 세계의 중심으로 이동시켜 준다. 우리의 일상생활에는 끝말 몇 마디를 달리하는 것으로도 충분히 웃음을 자아내며, 보다 밝은 분위기로 바꿔주는 자료가 얼마든지 있다.

남의 일에 끼어들면서 장담을 잘하지만 조금도 실적이 없는 사람

이 있었다.

"내가 알아봐 주지."

큰소리를 치며 장담하는 옆에서 쓴물을 마신 경험이 있는 동료,

"저 사람은 안 되는 것 하나도 없어. 되는 것도 하나 없고……"

여기서 '안 되는 것 하나 없다'는 대단한 실력자처럼 들린다. 경험하지 않은 사람은 믿을 듯도 한 순간에 '되는 것도 없다'는 말을 듣게 된다.

이런 넌센스 같은 말 한 마디가 웃음을 자아내고, 분위기를 밝게 한다. 시험 삼아 친구나 동료들 사이에서 한번 이용해 보라. 그 진가를 알게 될 것이다.

공산국의 작가 두 사람이 만났다.

"한 작가가 말했다. 최근에 책 한 권을 썼지요. 젊은 남녀가 만나는 이야기입니다."

"아, 러브 스토리이군요."

"두 사람은 결혼해서 아파트에 살게 됩니다."

"오! 동화로군요."

웃기는 사람은 왠지 품위가 떨어지고, 실없는 사람처럼 보였다면 고쳐라. 내가 웃기면 상대가 얕볼까봐 걱정했다면 고쳐라. 웃다 보면 잘생긴 내 얼굴, 예쁜 내 얼굴 망가질까 봐 꺼려했다면 고쳐라.

웃는 얼굴은 누구나 아름답다.

부인과 딸이 설거지를 하고 있는 동안에 남편과 아들은 거실에서 텔레비전을 보고 있었다.

그런데 갑자기 접시 깨지는 소리가 나더니, 잠잠해졌다. 아들이 아버지의 얼굴을 쳐다보며 말했다.

"엄마가 깨뜨린 거예요."

"어떻게 알지?"

"엄마가 소리치지 않잖아요."

임기응변의 적절한 말솜씨는 중요하다. 재치 있는 말솜씨의 유무에 따라 가정이나 직장의 분위기를 좋게도 만들고 나쁘게도 만들기 때문이다.

편한 사람들의 특징

역사적으로나 현대에서 편한 이야기로 무장된 사람들은 모두 위인전에 나오는 사람들이거나 거부가 되고 높은 지위와 명예를 얻은 사람들이다. 이런 사람들은 누구나 편으로 무장되어 있었다.

편으로 무장된 그들의 긍정적이고 강인한 정신력과 마음의 여유, 인생을 넓고 크게 바라보는 관조의 태도가 있었기에 그들은 성공할 수밖에 없었던 것이다. 그렇다면 이런 편 달인들의 화법은 어떠했는지 벤치마킹하여 실전에 응용해 보도록 하자.

첫 번째로, 그들은 언제나 긍정적인 사고방식을 갖고 있다

영국의 철학자 하버트 스펜서는 평생 결혼하지 않고 독신으로 살았다. 그는 고령이 되었을 때, 한 기자가 독신으로 산 것을 후회하지 않느냐고 묻자 이렇게 대답했다.

"그와는 정반대이지요. 이 세상 어딘가에 나와 결혼했을지도 모르는 여성이 있고, 게다가 그 여성이 나와 결혼하지 않았을 뿐 아니라 지금 행복하게 살고 있다는 것을 떠올리는 것만으로도 저는 너무도

행복하답니다."

이런 긍정적인 사고방식은 편한 사람들의 특징이다.

두 번째로, 그들은 뛰어난 아이디어맨이다

그럴 수밖에 없다. 웃기는 이야기를 직접 창조할 수도 있고, 다른 사람의 웃기는 이야기를 각색할 수도 있고, 기존의 웃기는 이야기를 많이 알고 있어야 하므로, 편한 사람은 매우 뛰어난 아이디어맨일 수밖에 없다. 이와 같이 창조적인 두뇌를 많이 쓰는 사람은 업무능률도 앞서가게 되어 있다.

세 번째로, 그들에게는 부하직원들이 절로 따른다

부하직원이 잘못해도 편한 사람은 결코 화를 내지 않는다. 오히려 역설적인 유머로 정곡을 찔러, 부하직원이 스스로 잘못을 깨닫도록 하기 때문에 부하직원들 사이에 인기 있는 상사가 된다.

네 번째로, 다른 사람에 비해 출세가 빠르다

요즘에는 특히 유머러스한 사람들이 인기몰이를 하는 시대가 되었다. 편한 사람은 주변 사람과의 인화가 잘되고, 사내 분위기를 밝게 해주므로 회사 전체의 능률을 한층 높인다는 연구결과도 나왔다시피, 대기업에서 면접을 볼 때도 유머가 있는 사람에게 큰 점수를 주고 있다.

다섯 번째로, 친구가 많다

웃기는 사람의 주변에는 항상 사람들이 북적거린다. 누구나 친근감을 쉽게 느끼고 호감을 갖게 되므로 어색했던 사이도 금세 친해지는 경우가 많다. 그러므로 직장에서나 비즈니스맨들은 반드시 유머감각을 몸에 익혀야 한다.

여섯 번째로, 사회적인 일을 마음 놓고 할 수가 있었다

피아노를 사놓고서 아내가 남편에게 물었다.

"피아노 위에 음악가의 흉상을 하나 놓아야겠어요. 하이든을 놓을까요, 베토벤을 놓을까요, 아니면 쇼팽을 놓을까요?"

그러자 남편이 대답했다.

"베토벤이 낫겠소."

그러자 부인이 의아해서 물었다.

"왜요?"

"베토벤은 귀가 먹었으니까."

이런 짧은 이야기 한 토막으로 가정의 분위기가 일시에 밝아지고, 가족간에 오해와 불화를 말끔히 씻어준다. 가족 구성원 모두가 편한 대화법을 익힘으로써 가족이 화목해지고 가정에 항상 웃음이 넘쳐 날 것이다.

일곱 번째로, 그들은 대개 상담역을 담당한다

평소 편한 대화로 직장 동료들이나 친구 관계가 부드러운 사람은 곧잘 다른 사람의 고민이나 갈등을 상담해 주는 역할을 하게 된다.

그 이유는 사람들로부터 신뢰감을 얻고, 친근감을 느끼게 됨으로써 왠지 나를 위해 무언가를 해줄 것 같은 착각이 들게 하기 때문이다. 사실 편한 사람이 마음이 너그럽고 깊이 있는 것은 착각이 아니라 대부분 사실이다.

그럼, 여기서 역사적인 인물들의 편 대화를 한번 들어보자.

미국의 실업가 헨리 포드가 세계적인 거부가 된 데에는 그만의 비결이 있었다. 포드는 평소 소식과 운동을 건강의 비결로 삼았다.

그는 어느 파티장에서 이와 같은 자신의 견해를 피력했다.

"실제로 필요한 음식의 양은 여러분이 매일 먹고 있는 음식의 절반뿐입니다."

그러자 살찐 신사들이 그에게 집중적으로 질문을 퍼부어 대면서 비야냥거렸다.

"그럼 그 나머지 반은 무엇에 쓰지요?"

그러자 포드가 대답했다.

"그것은 의사의 생활에 쓰이지요."

폭식은 바로 의사를 먹여 살린다는 의표를 찌른 답변인 것이다.

프랑스의 정치가 끄레망스는 어떤 사람이 "당신이 알고 있는 최악의 정치가는 누구입니까?"라는 질문에 이렇게 대답했다.

"글쎄요. 최악의 정치가를 정하기는 좀 어렵습니다. 왜냐하면 이 사람이 바로 최악의 인물이다 라고 생각한 순간 더 최악의 인물이 나타나기 마련이니까요."

이것은 정치가 중에 얼마나 최악의 인물이 많이 나오는가를 풍자한 편이다.

미국의 소설가 마크 트웨인은 어느 교회에서 설교를 들은 뒤 못마땅한 표정으로 말했다.

"매우 감동적이었습니다. 하지만 모두 제가 애독하고 있는 책에 씌어져 있는 내용이로군요."

설교자는 화를 내며 물었다.

"설마 그럴 리가요?"

"그럼 곧 그 증거 서적을 보여드리지요."

하고 마크 트웨인은 곧장 집으로 갔다. 며칠 뒤 설교자가 손에 든 책은 한 권의 국어사전이었다.

이것은 위트 있는 트웨인의 한 면모를 보여주는 이야기다. 우리에게 〈톰 소여의 모험〉 등의 명작을 남겨준 트웨인은 평소 이렇게 편한 대화로서 두뇌 게임을 즐겼다고 알려진다.

또 영국의 정치가 처칠은 한 신문기자로부터 '정치가에게 필요한 재능은 무엇입니까?'라는 질문을 받고 이렇게 대답했다.

"정치가는 내일 무슨 일이 일어날지 예견하는 능력이 있어야 합니다. 그리고 그것이 왜 일어났는지도 설명할 능력이 있어야 하지요."

곧 정치가는 책을 많이 읽고 지성을 갖추어야 한다는 풍자적인 말이다. 이런 풍자는 일대일의 대화에서보다 다수를 향한 메시지를 담고 있는 것인데, 처칠만큼 풍자에 능한 사람도 없었다.

말솜씨가 없는 사람도 자리를 모면하기 위해 편한 대화법을 쓰는 경우가 있다. 예를 들면 비행기를 발명한 라이트 형제가 처음으로 시험 여행에 성공했을 때 축하 파티에서 스피치 부탁을 받았다. 평소

말솜씨가 없어 고민하던 형 윌버 라이트는 조용히 자리에서 일어나 어색한 말투로 입을 열었다.

"새 중에서 가장 수다스러운 앵무새는 잘 날지 못하지요. 잘 나는 새는 말을 잘 하지 못합니다."

이것은 그는 충분한 메시지를 전달했고, 또 이만큼 훌륭한 편 대화도 없을 것이다.

인간관계의 대가요, 편한 유머감각의 달인으로 꼽히는 벤자민 프랭클린에 관한 이야기가 있다. 프랭클린은 젊었을 때 지독히도 가난하여 먹는 것이라곤 언제나 빵과 물이었다. 맥주처럼 사치스러운 것은 입에 댈 수도 없었다. 어느 날 그의 처지를 보고 한 친구가 위로의 말을 건네자, 그는 웃으며 말했다.

"맥주의 원료는 보리와 물 아닌가? 빵과 물도 같은 것이지."

진정한 유머의 달인은 어려움이나 고난까지도 편의 재료로 활용할 수 있는 것이다.

카르타고의 명장 한니발은 로마를 공격하기 위해 남쪽에서 공략해 들어가고, 하스도르발은 북쪽에서 공략해 들어갔다.

헤어질 때 두 사람은 남북에서 승리의 날 재회하자고 다짐했다.

"형, 로마에서 재회합시다."

"그래, 좋지."

그러나 하스도르발은 패하여 적군에게 목이 잘려 한니발의 진지에 던져졌다.

그 광경을 본 한니발이 중얼거렸다.

"그래, 분명히 로마에서 재회하기는 했군."

이런 여유는 째째한 졸장부에게서는 결코 나올 수 없는 것임을 알수 있다. 대범하고 용기 있는 사람이야말로 어떤 상황에서도 편한 편치를 날릴 수가 있다는 것을 증명해 주는 이야기다.

편한 대화를
잘할 수 있는 다섯 단계

우리는 지금 그 어느 때보다 웃음이나 유머가 트렌드가 된 사회에서 살고 있다. 텔레비전이나 라디오에서는 연일 웃기는 사람들이 인기순위를 차지하고 있고, 개그맨이 아니더라도 한두 가지 정도의 개인기를 갖는 풍토가 조성된 것이다.

직장에서는 면접에서도 유머감각이 있는 사람을 우선하여 발탁하고 있고, 선호하는 남성상으로는 유머감각이 있는 남자를 제1순위로 하고 있는 실정이다. 그런 만큼 이제 인간관계나 비즈니스에서 유머감각은 빼놓을 수 없는 덕목이 아닐 수 없는 것이다. 그러나 아무리 실정이 이렇다고 해서 나도 금방 유머감각을 갖추고 편한 대화를 실용화할 수 있는 것은 아니다. 이런 기술 역시 갈고 닦아야 가능한 하나의 자질이기 때문이다.

그렇다고 무조건 도서관이나 서점으로 달려가서 유머집을 하나 달달 외운다고 현실에서 활용할 수 있는 것도 아니다. 게다가 선천적으로 무뚝뚝한 성격을 타고난 사람의 경우에는 다른 사람에 비해 좀 더 노력을 기울이지 않으면 매우 힘든 일이다.

그럼, 실제로 어떻게 하면 실제생활에서 다른 사람과 편한 대화를 잘할 수 있을까. 여기에는 다섯 단계가 있다.

제1단계는 나를 계발시키겠다는 각오를 먼저 해야 한다

앞서도 말했지만, 자신의 성격이 무뚝뚝한데 백날 개그맨처럼 되겠다고 노력을 해봐야 무용지물이다. 그러므로 우선 마음가짐 자세를, 나 자신의 성격을 바꾸어서 좀더 사람들에게 다가갈 수 있는 적극성을 키워야 한다.

편 대화술의 달인으로 꼽히는 영국의 작가 버나드 쇼는 본래 다른 사람 앞에 서면 말도 못하고 벌벌 떠는 성격이었다고 한다. 그러나 그는 자신의 굳은 의지로서 그러한 성격을 이겨내고, 보다 적극적이고 다른 사람에게 어필될 수 있는 사람으로 거듭나게 되었다.

그에 관한 이런 이야기가 있다.

한 기자가 버나드 쇼에게 질문했다.

"이제까지 가장 큰 영향을 받은 책은 어떤 것입니까?"

그러자 쇼는 간략하게 답했다.

"은행 장부지요."

이런 그의 기지는 무명의 그를 일약 사회적인 인물로 성장케 해준 원동력이 되었던 것이다.

제2단계는 적극적으로 자료를 수집해야 한다

예를 들면 신문이나 잡지 등 눈에 뜨이는 대로 자신에게 적합한 우스운 이야기들을 수집하라. 인쇄하여 파일로 철해두거나, 일일이 적어두어도 좋다. 그러나 그 시대의 유머는 그때그때 흘러가는 경향이 있으므로, 너무 옛날 것을 아는 것은 의미가 없다. 새롭고 신선한 자료들을 많이 알수록 커다란 편 무기가 된다.

제3단계는 매일같이 실용화한다

이 단계부터는 바로 실전에 들어간다. 처음부터 많은 관중들 앞에서 이야기하기는 불가능하다. 처음에는 잘 아는 친구나 동료들을 상대로 한 마디씩 이야기를 해보는 것이다.

우선 아는 이야기를 들려주는 것부터 하라. 예를 들면 직장의 경우 점심 시간이 끝난 커피 타임에 이런 이야기를 슬쩍 던진다.

언제나 상사로부터 오자, 탈자가 많다고 지적을 받아오던 사원이 어느 날 동료에게 자신의 고민을 털어놓았다.

"나, 사직하고 싶어."

그러자 동료가 걱정스러운 듯 말했다.

"아니, 그만두려면 사표를 써야 하는데, 자네가 과연 의미가 제대로 전달되는 사직서를 쓸 수 있을까?"

"⋯⋯!"(처음엔 무슨 말인가 하다가 이내 모두 웃는다.)

사람들이 웃는다면 일단은 성공이다. 앞서도 말했듯이, 편한 대화란 이와 같이 이야기를 전달해 주는 것이 있는가 하면, 그때 그때 상황에 따라 자신의 기지와 위트로서 편하게 받아치는 기술이 있다.

단순히 이야기를 전달하는 기술은 어떻게 보면 후자의 경우보다 간단하다. 그러나 상황에 따른 기술이야말로 매우 효과가 크며, 그만

큼 터득하는 데 보다 시간이 걸린다는 점을 유념하라.

공격이나 방어술에 관한 펀 기술은 앞장을 참고하면 된다. 펀 대화는 언제나 가능하지만, 무엇보다 가장 기본적인 두 가지 전제조건이 있다. 그것은 '① 언제 어느 때나 웃길 준비를 하고 있으라 ② 항상 자신을 객관화시켜라' 이다.

제4단계는 인생 전체를 긍정적으로 바라보는 것이다

펀한 대화는 근본적으로 인생을 낙천적으로 바라본다는 관점에 뿌리를 두고 있다. 인도의 성인 간디나 남아프리카공화국의 넬슨 만델라 같은 경우는 감옥에 있으면서도 유머감각을 잃지 않았다. 또 위기를 극복하고 성공에 이른 사람들 또한 어려울 때일수록 유머감각을 실용화했다는 점을 알 수 있다.

미국 여성 가운데 가장 성공한 여성으로 꼽히는 오프라 윈프리는 그 누구보다 역경을 많이 겪은 여성이지만, 자신의 회고대로 유머가 있었기에 그런 난관을 뚫고나올 수가 있었던 것이다.

그러므로 일시적인 유머감각이 아니라, 평생 자신의 몸에 익히고 저장하여 두고두고 어떤 순간이라도 센스 있는 유머를 발휘할 수 있는 사람이 되어야 한다는 뜻이다.

제5단계는 위기 속에서도 웃을 수 있는 여유를 갖는 것이다

긍정적인 사고나 여유, 웃음을 말할 때 일반적으로 사람들은 좋을 때는 얼마든지 그런 것들이 실천 가능하다. 그러나 정작 살면서 위기에 봉착했을 때에는 긍정적인 사고나 여유, 웃음은 실전으로 와닿기가 쉽지 않다. 그러므로 당신이 진정 편한 사람이 되고자 한다면 지금 어떤 어려움에 처해 있더라도 마음의 여유를 가지고 사람들과 편한 대화를 즐길 수 있어야 한다.

결론적으로 이 다섯 단계를 거치지 않고는 진정한 편 대화법을 익힐 수가 없고, 반대로 이 다섯 단계야말로 편한 대화를 세상을 이길 수 있는 지혜가 되는 것이다.

Chapter 5

이기는 편 마케팅

성공의 비결은 목적을 향해 시종일관하는 것이다.
—B. 디즈레일리

The secret of success is constancy of purpose.
—Benjamin Disraeli

고객을 사로잡는 펀 마케팅

> "이제는 마케팅도 경영도 캔Can에서 펀Fun으로 이동중이다. 마케팅도 경영도 '우리는 무슨 일이든지 할 수 있다'는 캔에서 좀 더 감성적인 '우리는 재미있다'의 펀으로 변하고 있는 것이다."

캐나다 캐드릭 펜위크는 '펀'은 기업에서 15%의 사기진작을, 생산과 소비에서 40% 향상을 가져온다고 보고한 바 있다. 그러니 웃음이야말로 보물 중에 보물이요, 재산 중에 재산인 것이다.

웃겨야 먹힌다는 논리가 대중에게 먹히는 것은 대학가 캠퍼스에서도 마찬가지이다. 1학년 신입생들한테 동아리 홍보를 위하여 내놓은 전략은 모두 하나 같이 웃기는 소재들이다. 최근에는 그동안 딱딱하게만 의견수렴을 전하던 투쟁 방식도 편한 말들로 바뀌어 있다.

외국어대학교의 경우, 프로그램 이름을 따서 '세상에서 가장 눈물나는 등록금'이라는 플래카드가 붙었으며 영화제목 '흡혈형사 나도열'을 '흡혈학교 나도열(받았다)'로 재미있게 표현하기도 했다.

이화여대의 경우, 아예 등록금 인상 투쟁 장터를 열어 '등록금 왕

비싸전'이라고 부침개를 만들어 팔고 '학교 맘대로 쥐락펴락포'라는 쥐포를 팔기도 했다.

요즘 신세대들에게 웃음코드는 더 이상 낯설고 먼 이야기가 아니라 아주 가까운 소지품과 같은 존재이다.

웃음은 예산, 도구, 장소 등의 물리적인 조건과 관계없이 파급효과가 가장 크다. 이 같은 웃음의 높은 파급효과는 마케팅의 성공을 위한 확실한 무기라는 점에서 전 분야에 걸쳐 '펀마케팅'을 더욱 확산시킬 것으로 예상된다. 이렇게 웃음과 펀경영이 중시되고 있는 가운데, 많은 기업들이 '펀마케팅'을 실시하면서 외부적으로 너무 보여지는, 즉 일회성 이벤트성으로 생색내는 기법적인 접근이 늘고 있다는 점은 문제가 아닐 수 없다.

내부적으로 기업의 최고 고객은 바로 함께 일하고 있는 직원들이다. 직원들이 만족해야 고객 또한 만족할 수 있다. 고객을 섬기듯이 직원들을 섬기면 그 회사는 성공할 수밖에 없다.

깊은 신뢰를 통하여 일에 대한 자부심을 갖고, 그 일에 재미가 더하면 그 기업이 원하는 무엇이든지 가능하다고 본다. 외부적으로 너무 보여지는 일회성 이벤트가 아니라 마음속에 스며들고, 생활화 할 수 있도록 연출해내야 한다.

SK텔레콤, 우리은행, 카이스트, 현대자동차, 포스코, 쌍용건설, 삼성SDI 등 모든 대기업들이 펀마케팅과 펀경영을 위한 기업 문화조성에 힘을 쏟는 등 미래사회에 있어서 '펀'은 가장 강력하면서도 파급효과가 큰 파워 트렌드가 될 것이다.

대한통운은 모든 직원이 영어로 'For ever with you' 라는 명찰을

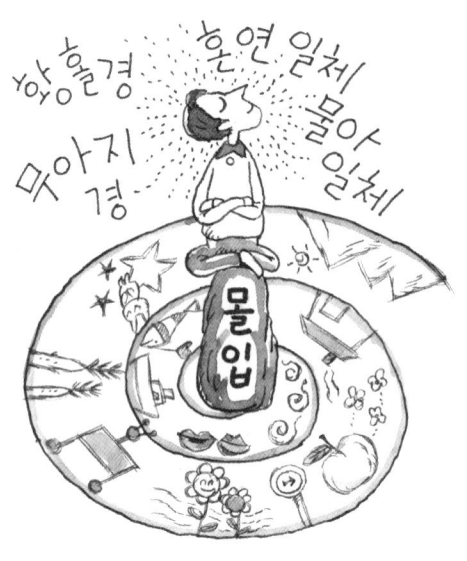

가슴에 달고 일을 하는데 이러한 것도 일종의 펀 마케팅이라고 할 수 있다. 고객과 직원이 하나라는 일체감을 형성하는 일, 그것이 바로 진정한 펀 마케팅이다.

펀 마케팅이 효과적으로 확산되려면 펀을 위한 맞춤형의 조직관리 인재교육이 필요하다. 즉 웃음 리더십, 펀 리더십, 펀 마케팅 교육이 선행되어야 한다. 그리고 기능적이고 기법적인 접근이 아니라 인격적인 마음의 접근이 이루어져야 한다. 매출의 극대화를 위해서는 장기적인 안목을 가지고 진실한 감성경영이 필수이다. 웃음의 펀 경영에서 한 단계 더 업그레이드 된 열정, 몰입, 미침 즉 크레이지 경영으로 변화할 것이다.

크레이지 경영이란 말 그대로 미친 듯이 열광하는 경영이라는 뜻이다. 이른바 몰입경영으로써 체면에 상관없이 최선을 다한다는 뜻도 담겨 있다.

1997년 몰입의 즐거움Finding Flow이란 책을 낸 미국 시카고대학교 심리학과 교수인 미하이 칙센트미하이Mihaly Csikszentmihaly는 성공적인 삶을 위해서는 자기가 정한 오로지 한 가지 일에 깊이 빠져드는 '몰입'이 필요하다고 말을 했다.

몰입하지 않고 맛보는 행복은 외부적인 상황에 대한 의존도가 높은 반면, 스스로의 몰입을 통해 찾아온 행복은 훨씬 더 값지다는 것이다. 몰입이란 삶속에서 어떤 행동에 전념하는 것으로써 황홀경, 혼연일체, 물아일체, 무아지경 등의 상태와 비슷하다고 할 수 있다. 결국 이 말은 자기가 좋아하는 일에 미쳐야 한다는 것이다. 일에 미칠수록 자기만족과 자아실현은 높아지고 행복해질 수 있기 때문이다. 요즘 나는 전국 방방곡곡을 돌아다니며 '웃음치료 행복시작'이란 실기강연을 한다. 하루에도 몇 군데씩 강의 일정이 잡혀있기 때문에 몸도 마음도 많이 지쳐있지만 강연시간만 되면 쌓였던 피로가 온데간데 없이 사라진다.

웃음치료사라는 직업만큼 신나는 일은 이 지구상에 아마도 없을 것이라는 생각이 들 정도다. 아마도 난 이 일에 완전히 미쳐있는 것 같다. 얼마나 행복한 일인지 모른다. 미친다는 것은.

'미치려면 미쳐야 한다. 미친 만큼 성공한다. 미친 만큼 행복하다.' 내가 이렇게 말을 하면 사람들은 눈을 동그랗게 뜨고 나를 쳐다본다. 미치라니, 미쳐야 한다니…! 하지만 '미친다는 것', 어떤 일에 온 힘을 기울여 집중한다는 의미로 쓰인 '미침'은 인생에 있어서 꼭 필요하다. 왜냐하면 자신이 정한 목표를 달성하느냐 그렇지 못하느냐는 그 일에 얼마나 몰두하고 몰입하는 문제와 아주 밀접한 관련이 있기 때문이다.

소비자의 시선과 선택은 언제나 이성적이고 합리적이다. 상품 선택에 있어서 품질과 가격 그 어느 것도 놓치려 하지 않기 때문이다. 하지만 요즘 신세대들은 이러한 시각과는 조금 거리가 있다. 이러한 기존의 상품구매방법을 뒤엎는 생각을 하고 있는 것이다. 실용성이나 가치를 따지기 전에 외형적인 면을 더 추구하거나 지위향상에 도움이 된다고 생각하면 소비를 하는 성향이 짙다. 된장녀라는 유행어만 뵈도 요즘 트렌드를 짐작하고도 남는 일이다.

이는 신세대들의 자기중심적 사고방식과 소비 감성이 변화되는 과정이라고 분석된다. 다른 사람의 시선이나 생각보다는 나 자신의 즐거움과 행복이 더 소중하다고 생각하기 때문인데 그동안 상품의 실용성이 최우선이요, 단일한 목적이었다면 이제는 보다 심미안적이고 개성적인 것을 추구하기 때문으로 해석된다.

어떻게 하면 이 두 가지 트렌드를 공히 만족시킬 것인지 그것이 관건이다.

펀 마케팅의 성공 포인트

펀 마케팅을 성공시키려면 제품의 주타깃층을 제대로 파악해야 한다. 그리고 그 대상이 펀마케팅에 적합한 대상인지도 파악해야 한다. 지금까지 알려진 펀 마케팅의 주대상은 13세부터 25세 사이의 연령층이다. 재미있는 것은 이들이 컴퓨터와 휴대폰 등 IT를 가장 많이 활용하는 연령층이라는 사실이다. 그러므로 온라인 마케팅이 유리하다.

이런 온라인의 강점을 이용한 기업이 바로 코카콜라이다. 온라인상에서 사용할 수 있는 게임머니를 선물로 주는 판촉을 벌여 성공적인 결과를 거두었다. 이러한 성공적인 마케팅일지라도 지속적인 것이 아니라면 진정한 성공이라고 볼 수 없다. 주 고객층의 취향과 변화를 자주 관찰해야 하고 그들의 의견에 항상 민감해야 한다. 그보다 더 중요한 것은 펀마케팅을 주도하는 사람들의 펀마인드이고 펀경영이다. 그래야 더 참신하고 더 기발한 아이디어를 창출할 수 있기 때문이다.

고객만 만족한다고 펀이 아니다. 기업전체와 고객이 만족해야 비로소 펀이 될 수 있는 것이다. 그런 면에서 사우스 웨스트 항공사의 경영철학은 펀경영의 지침서와도 같다.

허브 켈러허 회장이 엘비스 프레슬리 복장으로 행사에 나타나거나 직원들이 짐칸에 숨어 있다가 고객들에게 서프라이즈를 외치는 사례는 너무나 유명하다.

이렇듯 펀마케팅이 모든 마케팅의 솔루션이 될 것처럼 보이지만 실상 문제점이 아주 없는 것은 아니다. 펀 마케팅의 주타깃층이 정해지고 전략과 전술이 세워졌지만 전체적인 마케팅과 연계되지 않는다면 실패할 확률이 높다.

실패한 케이스를 살펴보면 대부분이 그저 일회성에 그친 경우가 많다. 그러다 보면 기발한 아이디어를 계발해 놓고도 제대로 실천하지도 못한 채 비용만 낭비하고 을 실효를 거두지 못하게 된다.

또 펀 마케팅이 한번 성공했다고 해서 계속 성공하리라는 보장도 없다. 소비자의 추행과 변화에 발맞춰나가다 보면 불과 3개월이 멀다하고 새로운 아이템을 개발해야 하기 때문이다.

이를 위해서는 분기별, 품목별로 지속적인 관심을 유지해야 한다. 또 성공한 한 가지 아이템을 두고 다른 상품과 어떻게 연계시켜 또 다른 펀마케팅을 실시할지 미리 계획을 세워야 한다.

펀 마케팅은 단순히 따라하는 형식의 마케팅이 되어서는 안 된다. 단기간에 성공할 확률은 있지만 좀더 먼 안목을 두고 목표를 이루려면 브랜드명을 알리려는 데만 주력하지 말고 그것을 통해 얻을 수 있는 다양한 채널을 다각도로 검토해야 한다.

단단히 명심해 두어야 할 점은 펀마케팅이 아주 쉽게 아주 빨리 소

비자들을 끌어 들이 수 있는 장점이 있는 반면, 아주 쉽게 아주 빨리 잊혀질 수도 있다는 점이다.

따라서 앞서 언급한 코카콜라의 사례처럼 펀마케팅 자체가 자사의 홈페이지로 유도하는 하나의 수단이 되어서 지속적인 차후의 이메일 마케팅 등을 통한 브랜드로 강화되거나 온라인 커뮤니티 등을 통한 신제품 테스트 마케터 역할을 할 수 있도록 하는 것이 좋다.

즉 이 경우, 펀 마케팅의 목표는 홈페이지로 유입하게 하는 단순한 목표를 가지고 있기에 성공한 사례라고 할 수 있겠다.

펀 마케팅 바람은 좀처럼 식지 않을 전망이다. 특히 상품의 이미지나 외형을 보기 전에 소비자는 네이밍에서도 펀의 효과를 기대하고 있기 때문이다. 상품을 선택하기 전에 만날 수 있는 네이밍의 영향력은 상당하다.

그 대표적인 예가 LG전자의 초콜릿 폰인데 기존에 기능면만을 고려해 사용했던 네이밍과는 그 이미지부터가 매우 달라 고심 끝에 결정한 것이라고 한다.

하지만 결과는 대박이었다. 소비자들의 취향이 기능만을 추구하던 것에서 미적, 감각적인 면으로 바뀌어 가고 있다는 점을 잘 캐치한 덕택이다. 물론 무조건 튀고 감각적인 네이밍이라고 해서 다 성공하는 것은 아니다. 소비자의 심리와 정서에 맞물려 커뮤니케이션이 이루어져야 한다.

이렇듯 어떻게 제품의 네이밍을 어떻게 짓느냐, 하는 문제도 펀 마케팅에 속한다. 기능은 기본이고 거기에 덧붙여 감성까지도 만족시켜야 하는 경영, 그것이 바로 감성경영, 펀 경영인 것이다.

펀 마케팅의 중요 요소

펀 마케팅에는 세 가지 요소가 있다

첫째, 감사하는 마음이다. 고객에게도 감사, 경영진에게도 감사, 내부 고객인 직원들까지도 감사하는 마음이 필요하다. 서로간 인격적인 일체감이 필요하다. 이런 감정은 글과 말로 이루어지는 것이 아니다.

존경받는 기업이 되려면 고객과 구성원들에 대한 감사한 마음을 잃지 않는 것이다. 그리고 이 마음의 표현을 봉사활동으로 극대화하여야 한다. 즉 공익활동을 중요시해야 한다는 것이다. 잘되는 기업일수록 공익활동을 많이 하고 있다.

둘째, 상품보다는 마음이 열려야 한다. 마음이 열린 기업은 펀경영을 빨리 확산시킬 능력이 있으며, 유행에도 민감하고 새로운 트렌드도 독창적으로 만들어 낼 수 있다.

셋째, 재미가 있어야 한다. 재미를 통해 구매욕이 일어날 수 있도록 해야 한다. 우리가 할 수 있는 예로 상품에 웃는 그림이나 웃는 소리를 넣는다든가, 매장에 입구에 웃음 라인이나 웃음 존을 설치하여 가장 길게, 크게, 멋지게 웃는 고객에게 선물을 주는 등의 이벤트도 해볼 만하다.

끝으로 훌륭한 일터GWP : Great Workplace운동'의 창시자인 로버트 레버링 박사는 그가 말하는 훌륭한 일터는 구성원들이 상사와 경영진을 신뢰trust하고 자기 일에 자부심pride을 느끼며 함께 일하는 구성원들 간에 일하는 재미fun를 느낄 수 있는 곳이어야 한다고 주장한다.

미국 풋볼 MVP선수 하인즈 워드는 훌륭한 일터의 조건 세 가지를 다 갖춘 가족이다. 아들의 어머니에 대한 너무나 깊고 깊은 '신뢰'가 있었다. 그리고 그 어머니의 말은 더욱 감동적이다.

"아들은 1년에 수백억 원을 벌지만, 나는 초등학교 식당일을 계속할 거예요."

이 얼마나 자기가 하는 일에 대한 '자부심'이 가득 담긴 말인가.

또 아들은 "상대 선수들의 깊고 거친 태클에도 축구를 웃으면서 '재미'있게 즐겼다"고 하여, 그의 낙천적인 성격을 보여주었다. 바로 그 웃음이 오늘에 하인즈 워드를 만든 것이다.

재미있어야 맛도 있다.

요즘은 광고도 웃겨야 살아남는다. ○○고추장 광고는 차승원이 느끼한 외국 음식을 매운 음식과 착각하면서 아주 우스꽝스러운 표정을 짓는다. 웃기다 못해 애절하게까지 느껴지지만, 그 광고효과는 다른 어느 것에 비해 효과가 크다.

이렇듯 맛과 멋을 같이 추구하는 '펀 메뉴'가 급부상하고 있다. 주 고객층인 청소년들은 물론이고 나이 많은 연령대에서도 좋은 반응을 얻고 있다.

최근 한 피자 회사에서는 바이트 피자를 출시해 재미를 톡톡히 보고 있다. 이 피자의 경우, 한입 크기로 된 피자 조각들을 떼어 먹는 맛이나 재미에서 펀의 재치가 느껴진다.

음식에서의 '펀 마케팅'은 아이디어로 승부한다. '보기에 좋은 떡이 먹기도 좋다' 라는 말은 이제 옛말이다. '보기에도 좋고 재미있으면 맛도 좋다' 라는 트렌드가 요즘 요식업계의 주 트렌드가 된 지 오래다. 이렇게 해서 탄생된 음식이 바로 펀 푸드이다. 그 기발한 아이디어와 발상도 각양각색이고 펀 푸드의 영역도 다양해서 떡에 삼겹살을 싸먹는 '떡삼겹'이나 '깝겹살' 등은 기종의 삼겹살 구이를 과감하게 탈피한 아이템으로 대표적인 펀 마케팅 사례라고 할 수가 있다. 이러한 펀 푸드의 효력은 상당해서 기존 매출에 비해 1.5배 이상의 상승효과를 누리고 있다고 한다. 특히 이러한 외식업체들의 신메뉴는 형태는 물론이고 맛도 기존 제품과 확연히 구분된다. 던킨도너츠는 기존의 도너츠가 동그랗다는 관념을 깨고 사각 형태를 도너츠를 선보였다.

또 G생맥주 전문점의 경우, 테이블에 직접 파이프를 설치해 손님이 직접 따라 마시는 펀 마케팅을 하고 있다. 이제는 음식을 맛으로 먹고 재미로도 먹는 시대이다. 맛있는 음식을 재미있게 먹는다면 금상첨화요, 일석이조 아닌가.

펀 마케팅의 장점은 뭐니뭐니해도 미래의 고객들에게 상품이미지를 확실하게 심어준다는 데 있다. 온라인으로 운영되는 G마켓은 싱글족이 선호할만한 물건을 팔면서 인기가 금상승하고 있다. 펀 상품인 팔베개 대용 인형과 하트 프라이팬 등이 눈길을 끈다. 그런가 하면 천사티셔츠라는 기발한 아이템으로 승부를 거는 회사도 있다. 면티셔츠 등판에 천사날개를 붙인 것이다. 재미와 유머가 합성된 이 컨셉은 좋은 반응을 얻었다.

이밖에도 명품 브랜드 샤넬은 무당벌레를 연상시키는 스트랩 샌들을 내놓았고 백설공주 이야기를 떠올리게 하는 가방을 출시했다. 명품이미지보다는 편한 이미지로 승부하겠다는 의지가 담긴 제품들이다.

재미있어야 더 잘 팔린다
사회가 급속도로 발달하면서 이제 사람들은 쇼핑을 위해 시간을 절약하면서도 보다 질 좋은 상품을 선택할 수 있는 인터넷 쇼핑이나 홈쇼핑을 많이 찾게 되었다. 특히 다른 가족들이 쇼핑을 대신 해 줄 수 없는 싱글족들은 선택 기준도 까다롭고 감각적이어서 쇼핑을 즐기려는 성향이 강하다고 한다. 그 중 특히 눈에 띄는 것은 '셀프 기프팅 쇼핑'인데 말 그대로 자기가 자기 자신에게 선물하는 방식의 쇼핑이다. 셀프 기프팅은 어디까지나 충동구매가 아니기 때문에 자신에게 보상을 하는 소비 트렌드이다.

어떤 식당의 주인 할머니는 심한 욕설로 고객의 마음을 사로 잡고 있다. 예를들면 '사장님 물좀주세요'라고 하면 '야! 이 년아 넌 손도 없냐? 니가 갖다 처먹어' 이런 식이다. 또 어떤 식당은 기다리는 동안 전문마사지사가 등장하여 몸의 피로를 풀어주는 곳이 있다.

고객의 눈높이에 맞춰야 한다

최근에 뜨고 있는 마케팅 기법 중에 하나는 게릴라 마케팅이다. 말 그대로 게릴라처럼 동에 번쩍, 서에 번쩍하며 고객을 찾아다니는 마케팅 기법이다. 이제 기업은 더 이상 앉은 자리에서 고객이 찾아오기만을 기다리며 물건을 팔지는 않는다.

고객이 있는 곳을 찾아다니며 판촉을 한다. 고객을 찾아가는 일도 그냥 찾아가지 않는다. 재미있는 방법으로 찾아간다. 물론 이렇게 고객이 직접 체험하면서 상품을 선택할 수 있는 마케팅 방법이 없었던 것은 아니다. 그러나 기존의 마케팅 방법과 다른 점은 장소와 형식에 제한을 두지 않고 갑작스럽게 마케팅을 한다는 점이다. 이러한 전략도 펀 마케팅 기법의 일환이라고 볼 수 있다.

이러한 펀마케팅 기법은 버젓한 사거리 중심에서 공기 탈취제로 인해 상쾌한 냄새를 맡을 수 있도록 하는 것이다.

재미있어야 더 멋있다

펀 마케팅의 범주는 과연 어디까지일까? 먹는 것에 이어 입는 것에서도 펀마케팅은 강세를 보이고 있는 추세다. 동대문 주변의 대형 옷 상가에서는 젊은이들의 열광적인 무대가 이어지며 판촉을 벌이고 있다.

댄서들이 춤을 추며 고객을 끄는 날은 매출이 훨씬 많이 증가한다고 한다. 가끔 노래자랑을 열기도 해서 딱히 쇼핑이 목적이 아니었던 발길까지 잡아끈다고 한다.

요즘 패션계의 화두도 편한 아이템을 더 선호하는 추세다. 평범한 것보다는 어딘가 튀면서 재미난 의상을 추구하는 것이다. 이러한 생각은 추위를 피하기 위해 혹은 멋있게 보이기 위해 의복을 착용했던 기존의 목적에 새로운 반향을 불러일으키는 것이다. 신세대들은 재미있으니까 옷을 입는다는 것이다. 그러니 더 이상 옷은 치장과 보호의 목적으로만 쓰여지지는 않는다. 소비자에게 즐거움을 선사하지 못하는 옷은 옷으로써 최대의 만족을 주지 못하게 된 것이다.

그래서 생겨난 말이 '퍼놀로지'이다. 즉 재미fun와 기술technology이 합쳐진 신조어인 셈이다. 가령 어떤 청바지를 사게 되면 레시피가 따라 붙는다. 예쁜 색의 청바지를 원한다면 레시피 대로 바닷물에 담그라는 것이다. 그것으로 끝이 아니다. 모래로 문지르고 물로 헹군 뒤 햇빛에 말린다. 듣기만 해도 재미있는 발상이다. 내가 만들어 낸 색

상의 청바지라니 생각만 해도 짜릿하지 않은가?

또 푸마의 경우, 온도에 반응하는 옷을 내놓아 시선을 끌고 있다. 체온이나 외부 온도가 올라가면서 'Take it easy', 'Don't worry', 'Enjoy life' 등의 문장이 생기는 것도 있다.

이러한 특별하고 재미있는 옷들의 타깃은 Only for me(오로지 나만을 위한)라는 컨셉에 맞춘 것이라고 한다.

시간만 알려주는 기능으로서의 시계도 이제는 한물 간 트렌드이다. 디자인과 기능을 동시에 만족시켜 주어야 비로소 소비자들의 눈길을 끌 수 있다. 이런 독특한 형태나 기능의 소품은 모임이나 파티에서 사람들의 시선을 끌어 친해지는 계기가 되기도 한다.

신발의 경우는 최첨단기법이 더욱 강조되는 아이템이다. 아디다스는 세계 최초로 마이크로 프로세서와 자석, 센서를 신발 밑창에 달아 쿠션이 자동 조절되는 인공지능 신발을 개발하기도 했다.

아디다스에서 내놓은 '아디다스 원'도 신기하다. 신발 밑창에 직접 신발의 쿠션을 조절해 보는 재미를 어필한 것이라고 한다.

백화점 옥상에서 줄을 타고 내려와 패션쇼를 하는 모델 등 그 모습과 방법도 다양하다.

LG전자는 청계천 주변에 에어컨을 설치해 '바람길'이라는 설정으로 판촉을 하고 있다. 이른바 열린 공간에서의 열린 마케팅이다.

이제 상품을 대형마켓이나 상점에서만 볼 수 있다거나 모델을 화려한 무대에서만 볼 수 있다는 편견은 버려야 할 것 같다. 고객의 평가기준에 발맞춰 빠르게 변화하는 여러 기업들의 마케팅에 관심을 가지려면 말이다.

재미있는 전화번호

- ☎ 권투선수집 1212(원투원투)
- ☎ 기름집 5151(오일오일)
- ☎ 관광호텔 1504(한번오십사)
- ☎ 치과 2875(이빨치료)
- ☎ 부동산 8787(팔아치워)
- ☎ 중고가구 4989(사구팔구)
- ☎ 불고기집 9292(구이구이)
- ☎ 빵가게 0000(빵빵빵빵)
- ☎ 이삿짐센타 2424(이사이사)
- ☎ 오이가게 5252(오이오이)
- ☎ 상품코너 1638(일류상품)
- ☎ 수입상품 5833(오파상)
- ☎ 디스코텍 3355(삼삼오오)
- ☎ 철도공사 7788(칠칠팔팔)
- ☎ 인명구조대 1129(일일이 구함)
- ☎ 심부름센타 1472(일사천리) 8282(빨리빨리)

Chapter 6

성공인을 위한 펀 테크

만족하게 살고, 때때로 웃으며, 많이 사랑한 사람이 성공했다.

—A. T. 스탠리 부인

He has achieved success who has lived well,

laughed often, and loved much.

—Mrs. A.J Stanly

펀 테크란?

"우리는 웃음이 돈이고, 브랜드이며 파워인 시대에 살고 있다. 긍정적인 사고와 부정적인 사고를 가진 사람 중에 누가 더 발전가능성이 있느냐고 묻는다면 그 것은 너무나 뻔한 대답이 될 것이다. 사고방식의 차이가 결국엔 먼 훗날의 인생 자체에 큰 차이를 만들기 때문이다."

물이 반쯤 담긴 컵을 보고 '물이 반이나 있구나' 하는 사람과 '물이 반밖에 없구나. 이거 큰일났는데' 하는 사람과의 차이, 알래스카에서 냉장고를 파는 사람과 팔지 못하는 사람과의 차이는 바로 사고의 차이 때문이다.

이러한 사고의 차이는 결국 인생 전반에 걸친 가치관을 바꿔놓기도 하는데 인생이 괴롭고 무의미하다고 생각하면 자신도 모르는 사이에 점점 무의미해지고 비관적인 삶이 되고 만다. 하지만 반대로 인생이 참 즐겁고 재미있다 라고 생각하면 실제로 즐겁고 낙관적인 삶이 되는 것이다.

자기에게 플러스적으로 해석하는 사람은 현재의 삶을 보다 더 나

은 방향으로 개선해가지만 그렇지 못한 사람은 자기 성장의 기회를 놓쳐버릴지도 모른다. 그러므로 매사에 긍정적으로 사고하는 훈련과 습관을 기르는 노력이 바로 펀 테크이다.

사람이 사람을 좋아하는 이유는 의외로 간단하다. 특히 이성간의 경우는 더 더욱 그렇다. 상대방의 부드러운 웃음과 배려와 매너 그리고 상냥한 말씨에 쉽게 끌린다. 그 중에서도 매력적으로 웃는 얼굴은 이성에게 더없이 강한 마력을 발휘한다.

이는 얼굴이 잘 생기고 못생긴 것과는 크게 상관없는 일이다. 얼굴은 평범하게 생겼는데 왠지 웃는 모습이 매력적이고 자꾸 끌리는 사람이 있는 것을 보면 알 수 있다. 이렇듯 웃는 얼굴이 아름다운 사람은 웃음의 효력을 한껏 발휘할 수 있기 때문에 그만큼 인생에서 성공할 가능성도 크다.

사람의 얼굴표정은 무려 7천여 가지나 된다고 한다. 얼굴표정은 사람의 내면을 그대로 드러내 주는 거울과도 같은 것이다. 기쁨, 슬픔, 사랑, 분노, 두려움, 공포 등의 감정을 고스란히 반영하는 것이 바로 얼굴이기 때문이다. 하여 웃는 모습은 가장 편하고 온화하며 충만한 아우라이어야 한다.

윗니가 살짝 드러나면서 입술 사이가 살짝 벌어지는 스마일 라인이 U자형일 때 가장 아름다운 웃음이 되는 것이다. 하지만 안타깝게도 우리나라 사람들은 거의 ―자 라인에 가깝다.

사람마다 웃는 모양이 다 다르지만 아름다운 웃음이 좋은 인상과 이미지를 준다는 데는 모두 공통된 의견을 모은다. 물론 이도 노력이 필요한 일이며 그렇게 되기 위해서는 펀 테크닉이 절대적으로 필요하다.

펀 테크의 실천

"자기 자신과 가정과 회사 등이 행복하려면 펀테크를 실천해야 한다. 할 수 있다는 자신감을 높여주고, 반드시 행복과 성공을 이룬다는 신념을 가져다주는 펀 테크야말로 지금 바로 실천해야 할 일이다."

처음에는 어색하지만 꾸준히 연습을 하다 보면 지금까지 굳어 있던 '웃는 근육'이 풀리게 되어 자연스럽게 웃을 수 있다. 거울을 보며 자신의 얼굴이 어떤 모습인지를 자세히 살펴보고, 작은 미소부터 시작해 온몸을 흔들며 기절할 정도까지 웃는 연습을 해본다.

쑥스러워서 얼굴만 웃다가, 점점 가슴이 웃고, 그러다가 배꼽이 웃고, 나중에는 손가락과 발가락까지 웃게 되면서 결국 온몸이 웃게 된다.

의자에 앉아 있을 때도, 길을 걸을 때도, 거울을 볼 때도, 사람을 대할 때도, 혼자 있을 때도, 혹은 여럿이 있을 때도 마음껏 웃어 보자. 심지어는 화장실에 앉아 있을 때도, 때로는 미친 사람으로 오해를 받아 무안해질 것이다. 그러나 움츠러들지 말자. 그것이 우리네 건강과 삶의 활력을 대신할 만큼 대단치는 않을 것이다.

하루 종일 신나게 웃으며 사는 법

- 아침은 아침부터 하하하 - 양손을 입가에 꽃처럼 활짝 피우고 웃는다.
- 점심은 점점 크게 하하하 - 양손을 얼굴 앞에서 크게 원을 만들며 웃는다.
- 저녁은 저절로 하하하 - 양손을 가슴에 X자로 하고 웃는다.

1주일 내내 웃으며 사는 법

- 월요일은 월래부터 웃고
- 화요일은 화가 나도, 화장실에서, 화사하게 웃고
- 수요일은 수수하게, 수려하게, 수줍게 웃고
- 목요일은 목숨 걸고, 목 터지게, 목젖이 보이게 웃고
- 금요일은 금방 웃고, 또 웃고
- 토요일은 토하도록, 토실토실 웃고
- 일요일은 일없이, 일찍 일어나서, 일부러 웃자.

1주일 내내 웃음과 여가 즐기기

- 월요일은 달月하여 달밤에 달리기
- 화요일은 불火하여 불로 찜질거나, 맨발로 걷거나, 춤추고
- 수요일은 물水하여 수영하러 가고
- 목요일은 나무木하여 산림욕, 숲 치료하러 산에 가고

- 금요일은 쇠金하여 헬스클럽이나, 동네 뒷산에 철봉하러 가고
- 토요일은 흙土하여 가족과 주말농장에 가고
- 일요일은 날日하여 하루 종일 일없이 웃자.

1년 내내 웃고 사는 법

- 1월은 일 없이 일삼아 웃고
- 2월은 이유 없이, 이판사판 맘대로 웃고
- 3월은 삼삼하게 웃고
- 4월은 사정없이, 사근사근 웃고
- 5월은 오부지게, 오붓하게, 오순도순, 오줌 싸며, 오늘만 웃지
  말고
- 6월은 유쾌하게 웃고
- 7월은 칠칠하게 웃고

- 8월은 팔팔하게 웃고

- 9월은 구수하게 웃고

- 10월은 시끌벅적, 시원하게 웃고

- 11월은 일일이, 열 번 웃고 한 번 더 웃고, 시비 걸어도 웃고

- 12월은 십이지장이 끊어지도록 웃자.

4계절 웃음과 즐기기

- 봄에는 꽃과 함께 웃고

- 여름에는 물과 함께 웃고

- 가을에는 열매와 함께 웃고

- 겨울에는 눈과 함께 웃고

자연치료 – 숲에서 오감으로 즐기며 웃기

- 촉각- 스킨십, 댄스, 레크리에이션치료, 음이온, 흙
- 시각 - 하늘, 별, 땅, 나무, 꽃, 산, 숲, 명상치료
- 후각 - 꽃향기, 나무향기, 풀 향기, 약초 향기
- 청각 - 자연의 물소리, 새소리, 낙엽소리, 바람소리
- 취각 - 물, 산나물, 약초, 요리치료

1년 내내 웃으며 할 수 있는 운동

- 1월은 스키, 빙벽, 눈썰매, 스케이트, 스턴트카이트, 기공체조, 에어로빅
- 2월은 온천산행, 스쿼시, 라켓볼, 사냥, 석궁, 수영, 명상, 농구, 택견
- 3월은 승마, 기차여행, 실내테니스, 걷기, 줄넘기, 골프, 축구, 배구, 탁구
- 4월은 자전거하이킹, 서바이벌, 롤러코스터, 레크리에이션, 백패킹
- 5월은 패러글라이딩, 클레이사격, 산나물 캐기, 래프팅, 트래킹, 답사여행
- 6월은 주말농장, 삼림욕, 탐석여행, 전파탐지, 인라인스케이팅, 삼림욕
- 7월은 윈드서핑, 패러세일, 서프제트, 모터보트, 파워보트, 동굴탐험
- 8월은 수상스키, 제트스키, 스킨스쿠버다이빙, 카약카누, 스노

클링
- 9월은 번지점프, 요트, 호버크래프트, 오토캠핑, 천문관측
- 10월은 산악사이클링, 산악마라톤, 스카이다이빙, 경비행기, 초경량항공기
- 11월은 모형비행기, 행글라이딩, 열기구, 탐조여행, 암벽, 실내스키
- 12월은 스키, 당구포켓볼, 볼링, 수영

박장대소 10계명 (가정, 직장, 학교)

- 1계명 일어나자마자 오늘도 '상쾌하게 하하하하하'
- 2계명 세수할 때 거울 보며 '예쁘게 하하하하하'
- 3계명 아침식사 할 때 '거뜬하게 하하하하하'
- 4계명 집을 나설 때 '활기차게 하하하하하'
- 5계명 직장에서 만나는 사람과 하이파이브 하면서 '신나게 하하하하하'
- 6계명 점심식사 할 때 '맛있게 하하하하하'
- 7계명 일하면서 아랫배 두들기며 뱃살대소로 '튼튼하게 하하하하하'
- 8계명 퇴근할 때 박장대소로 '보람차게 하하하하하'
- 9계명 저녁운동 시작하며 요절복통으로 '건강하게 하하하하하'
- 10계명 잠자기 전 홍소로 '감사하게 하하하하하'

박장대소 7대 운동 (가정, 직장, 학교)

- 웃음 bow - 4단계 인사법 1단계(안녕하세요), 2단계(악수), 3단계(하하하), 4단계(칭찬)
- 웃음 line - 웃음 라인을 지정하여 그 선을 넘거나 밟을 때마다 웃기.
- 웃음 time - 하루 세 번 9시, 12시, 18시 등 특정시간을 정하여 전체가 웃기.
- 웃음 zone - 웃음 지역을 선정하여 그 장소에서 머물거나 통과할 때 웃기.
- 웃음 leader - 1개월, 1년간 가장 많이 웃는 직원에게 펀리더, 킹, 퀸 선정, 왕관수여.
- 웃음 비타민 day - 과일, 비타민, 피자, 아이스크림, 사다리타기 등
- 웃음 칭찬 mail - 핸드폰, 이메일, 카드, 칠판, 홈페이지 게시판 등

울 줄 알아야 웃을 줄도 안다

웃음이 사람에게 어떤 영향을 미치는 것일까? 사람의 기분은 우리 몸에 직접적이고도 생물학적인 영향을 끼친다. 특히 웃음은 면역에 영향을 주어 백혈구의 생명을 연장시키는 아주 중요한 일을 한다. 이 면역세포인 백혈구가 없으면 우리는 질병에 노출되고 감기는 물론 후천성 면역결핍증인 에이즈에 쉽게 노출된다.

사람이 호탕하게 웃는 웃음은 한순간에 불과하지만, 그로 인한 면역효과는 오랫동안 지속된다. 병에 대응하는 항체는 웃고 난 후 증가하여 12시간이 지나도 줄지 않기 때문이다. 웃음은 그렇게 사람의

기분을 바꿔 주고 육체에 낀 불필요한 때를 걷어 주는 목욕과도 같은 존재이다.

얼마 전 암을 세 번이나 극복한 어느 노교수의 방송을 보았다. 인터뷰에서 그는 "내가 암을 이겨낼 수 있었던 것은 맞춤운동의 효과도 컸지만 울고 싶을 때 크게 소리 내 울었기 때문"이라고 말했다.

다이애나 황태자비가 교통사고로 사망하자 그 슬픔으로 영국인들이 아주 많이 울었다고 한다. 그리고 그렇게 울고 나자 우울증 환자가 평소의 절반 수준으로 떨어졌다고 한다. 이를 두고 심리학자들은 울음으로 스트레스를 날려 보냈기 때문으로 풀이하며 '다이애나 효과'라고 명했다.

일본 시사주간지 아에라(AERA)는 30~40대 남녀 400명을 대상으로 한 설문조사를 바탕으로 눈물의 효능을 소개한 적이 있는데 눈물이 직장과 일, 부부관계뿐만 아니라 건강을 지키는 데도 큰 도움을 준다고 밝혔다.

눈물에 관한 재미있는 실례가 또 하나 있다. 도쿄의 신생 광고회사 '비루콤'은 신입사원을 채용할 때 남 앞에서 울 수 있는지를 묻는다고 한다. 다른 사람 앞에서 울 수 있는 사람은 그 어떤 자존심도 버리고 성실하게 일할 수 있다는 얘기다.

눈물은 또 잠자리를 기피하는 섹스리스 부부에게도 효과가 있을 수 있다. 부부끼리 진지하게 울고 난 다음에는 자연스럽게 스킨십으로 연결되는 효과가 있기 때문이다. 실제로 설문조사에서 여성의 82%, 남성의 58%가 '사랑' 때문에 울어본 적이 있다고 대답했다.

웃어라, 웃어야 한다,고 주장하던 내가 갑자기 울어라, 울어야 한다,고 얘기하니 도대체 무슨 말인가 할 것이다. 우는 일은 웃는 일과 같은 선상에 있는 공존의 감정이라고 보면 된다. 그러므로 우는 것도 웃는 것과 같은 효과가 있다.

중증 류머티즘 환자들에게 눈물을 흘리게 한 뒤 면역 기능의 변화를 관찰한 결과, 스트레스 호르몬인 코티솔 수치와 류머티즘을 악화시키는 '인터루킨킨—6'의 수치가 떨어지고 암을 공격하는 '내추럴 킬러'(NK) 세포가 활성화됐다는 실험결과가 있다.

사람들은 대체로 울음과 웃음이 정반대의 현상이라고 생각하지만 웃음요법 못지않게 울음요법도 치료효과가 뛰어나다. 울음요법은 잠시 무의식 상태에 빠지는 최면과는 다르다. 자신의 기억 속에 저장된 정신적 충격을 스스로 기억해내고 이를 눈물로 배설하는 과정이다.

사랑하는 사람이 세상을 떠나고 나서 슬픔에 잠겨 있던 캐럴이라는 미국 여성이 울음요법 치료를 다 마치고 나서 웃음을 되찾은 사례는 유명하다. 그러므로 운다는 것은 웃는 것만큼이나 매우 건강한 것이라고 말할 수 있다. 우는 과정을 통해 과거의 심적 고통이 치유되기 때문이다. 과거를 묻어두고는 정상적으로 살아갈 수 없다. 물론 그 울음이 고통과 연결되었을 때 그렇다는 얘기다.

　어느 사회에서나 남자의 눈물은 오랫동안 금기시 되어왔다. 우는 것은 남자답지 않다고 생각하기 때문이다. 하지만 울 땐 울어야 한다. 실컷 울고 나면 후련함이 찾아올 것이다. 우는 일을 잘 해야 웃는 일도 잘 할 수 있는 것이다.

　울음은 아이들에게도 매우 유용하다. 아이들에게 울음은 의사표현의 중요한 수단이다. 아이들은 특히 병원에서 많이 우는데 그 이유는 공포심을 느끼기 때문이다. 아이러니하게도 실컷 울고 난 아이가 울지 않는 아이보다 오히려 회복이 빠르다고 한다. 울음을 달래는 아이는 회복기에서도 병원에 대한 공포감을 더 오래 간직하고 있다는 것이다. 그래서 아이 울음을 달래는 것은 좋지 않다는 것이 심리학자 알레타 박사의 주장이다. 아울러 알레타 박사는 원하는 만큼 울며 자란 아이들이 사회생활에도 더 잘 적응한다고 덧붙인다. 사물이나 현실을 왜곡된 시각으로 보지 않게 되기 때문이다.

　눈물은 여러 가지 배설 행위 가운데 오랫동안 그 이유가 정확하게 밝혀지지 않은 행위이다. 전문가들은 감정적인 눈물이 정신적인 충격을 없애준다는 데 한결같이 동의하고 있다. 과연 눈물이 어떻게 그런 일을 할 수 있을까?

그렇다면 실험 하나를 해보기로 하자. 감동적인 영화를 보면서 흐른 눈물과 양파를 썰면서 흘린 눈물을 비교했다. 같은 집단으로부터 수집된 이 두 가지 눈물의 성분을 분석한 결과, 영화에서 흘린 눈물이 양파에서 흘린 눈물보다 훨씬 더 많은 양의 카테쿨라민 특히 스트레스 호르몬이 에프린과 노에프린이 현격하게 많은 양을 보였다.

카테쿨라민은 스트레스를 받았을 때 우리 몸을 긴장시키기 위해 분비되는 호르몬이다. 카테쿨라민이 분비되면 혈관은 수축하고 이는 심혈관에 부담을 주게 된다. 이 스트레스 호르몬이 눈물과 함께 몸 밖으로 배출되는 것이다. 그리고 우리 몸의 나쁜 물질을 제거해주는 것이다.

눈물은 웃음과 함께 신이 인간에게 내려준 가장 큰 선물이자 우리 몸의 자연방어제이다. 웃음이 기분을 바꿔주고 면역력을 높이는 것처럼 울음도 스트레스를 해소시켜 몸과 마음을 건강하게 해준다. 이왕 울고 싶다면 마음껏 울어보자. 소리 높여 엉엉.

펀 테크 자가요법

"성공하고 행복하게 살기 위해서는 잘 웃고, 긍정적으로 생각하고, 자신감과 신념이 있는 사람으로 변화되는 것이 필요하다. 자기 자신의 새로운 이미지 메이킹을 만드는 사람이야말로 성큼 인생의 황금기를 맞이할 것이다."

웃음은 심리적 긴장이 해소되는 순간 나타나는 신체적, 생리적 현상이다. 웃음이 이렇게 간단하게 발생하는 것 같지만 심리적인 불안이나 불평, 불만족의 감정이 내재되어 있을 때에는 불가능한 일이다. 다시 말해 건강한 웃음이 만들어지지 않는다는 얘기다.

그렇다면 과연 어떤 웃음이 건강한 웃음인가?

혼자 웃는 웃음보다는 함께 웃는 웃음이, 타인을 비난하는 웃음보다는 칭찬과 격려를 하면서 웃는 웃음이 더 건강하다. 즉 서로 간에 허물없이 공감대를 이루면서 함께 즐기는 웃음이 가장 건강한 웃음이라고 할 수 있다. 이렇듯 건강한 웃음을 웃게 되면 나 자신의 정신과 육체가 건강해짐은 물론이고 이를 바라보며 웃는 주변인들의 정신과 육체도 더불어 건강해진다. 사람의 뇌는 한 번 크게 웃을 때마다 21가지 쾌감 호르몬이 왕성하게 분비되기 때문이다.

그중에서도 엔케팔린이란 호르몬은 모르핀보다 300배나 강한 통증완화 효과를 갖고 있다고 한다. 우리가 1분간만 웃으면 10분 동안 에어로빅을 한 것과 같은 효과를 낼 수 있으며 혈압은 떨어지고 심장 기능과 폐기능이 좋아진다. 또 스트레스와 관련 있는 아드레날린과 코티솔 분비가 억제돼 노화의 주범인 활성산소 발생이 줄고, 대신 암세포를 막는 자연살해세포(NK 세포)가 늘어난다.

웃는 것, 그것도 건강하게 웃는 것은 연습과 노력으로 얼마든지 만들어낼 수 있다. 얼굴에 있는 80여 종의 근육 중 50여 종이 웃는 표정과 관련이 있는데 이들을 움직여 하루 3분씩 한 달 정도 연습하면 만족할 만한 웃음 이미지를 창조해낼 수 있다.

거울 앞에서 웃는 연습하기

1. 거울 앞에 서서 즐거운 상상을 하자. 꿈이 이루어지는 상상도 좋고 과거의 행복했던 추억을 떠올려 보는 것도 좋다.
2. 코미디프로그램의 한 토막을 따라해 보거나 춤을 춰보자. 음악이 없이 막춤을 추면서 하는 웃음연습도 좋다.
3. 스스로의 모습을 우스꽝스럽게 꾸며보자. 소품을 이용하면 좋다.

부드럽고 아름다운 미소를 만드는 연습하기

1. 크게 심호흡을 한번 하고 나서 천천히 입술꼬리를 올리며 미소 짓는다.
2. 1번 상태로 몇 초간 그대로 있다가 양손으로 입술꼬리를 누른

다음 다시 웃는다.

3. 2번 상태로 몇 초간 유지하다가 서서히 손을 뗀다.

4. 최대한 편안하고 안정된 마음 상태를 갖도록 노력한다.

5. 눈과 볼과 입술 모양이 웃지 않았을 때와 비교해서 어떻게 변했는지 자세히 살핀다.

6. 5번 모습이 마음에 든다면 자꾸 반복해서 연습하면 된다. 만약 마음에 들지 않는다면 양손을 입술꼬리에 대고 좀더 크게 웃어보자. 너무 긴장하지 말고 얼굴 근육을 최대한 자연스럽게 해야 한다.

7. 치아가 5-6개 보이는지, 양 입술꼬리가 같은 높이로 올라가 있는지 체크하자. 눈동자가 부드러우며 웃는 모습인지도 확인하자.

8. 나 자신이 만족하지 않는 웃음은 남이 보아도 만족할 수 없는

웃음이다. 마음과 몸이 일치가 되어 즐겁게 웃는 모습은 이 세
상 최고의 웃음이다.

웃음과 관련된 우리 몸속 세포들

① 백혈구

우리 몸의 혈구는 적혈구와 백혈구가 있는데, 적혈구는 헤모글로
빈을 함유하고 있으며, 백혈구에는 없다. 적혈구는 모양과 크기가 조
금 다르더라도 본질적으로는 한 종류인 데 비해 백혈구는 세포의 크
기나 핵의 모양, 원형질 내의 과립顆粒의 유무, 성질을 따져 몇몇 종
류로 구분된다.

백혈구의 수는 사람의 경우, 혈액 1mm³ 중에 평균 7천 개인데, 소
아에게 많고 신생아 때는 1만 개 이상이나 된다. 백혈구는 이물질을
제거하거나 항체를 형성해서 세균과 싸워 신체를 보호하는 역할을
하는데 백혈구의 수치가 낮아지면 병에 걸리기 쉽고 허약해진다. 웃
음은 백혈구의 수명을 연장시켜주는 기능을 한다.

면역 활동에서 중요한 역할을 담당하는 림프구에는 서로 다른 2개
의 그룹이 존재한다. 골수의 간세포幹細胞가 림프구로 분화하는 경우
에는 다음 두 가지가 있다. 흉선胸腺의 상피세포에서 특수한 내부 환
경과 흉선의 액성인자液性因子에 의해 림프구로 분화하는 경우와, 흉
선과는 관계 없이 골수에서만 림프구로 분화하는 경우가 있다. 전자
를 T세포라 하고, 후자를 B세포라고 한다. T세포에는 집합성 농밀체
가 있고 B세포에는 산재성 농밀체가 있다.

기능면에서 보면 B세포는 항체 글로불린의 생성에 관여하고, T세

포는 면역에서의 기억능력을 가지며, B세포에 정보를 제공하여 항체 생성을 도울 뿐만 아니라, 세포의 면역에 주된 역할을 하는 것으로 알려져 있다.

한편, B세포는 림프절의 피질과 림프 난포卵胞에만 분포한다. T세포는 면역세포 상호간의 공동 작업에서 제각기 기능을 분담하고 있다. 임파구들(T세포, B세포)을 자극하는 인터페론감마가 체내에서 200배나 증가해 면역력을 높여주고 면역글로불린A를 증가시켜 호흡기와 소화기 질환을 예방해 주는 효과도 있다. 그 뿐만 아니라 모르핀보다 200배나 효과가 강하다는 엔돌핀(생체 엔돌핀)도 증가해 통증을 감소시키고 기분을 좋게 만들어 준다.

② 엔돌핀endorphin

엔돌핀이란 동물의 뇌 등에서 추출되는 모르핀과 같은 진통효과를 가지는 물질의 총칭이다. 이 말은 'endogenous morphin'에서 연유한 말이다.

1976년에 동물 뇌 안의 시상하부視床下部 뇌하수체후엽腦下垂體後葉에서 잇달아 추출된 모르핀과 같은 펩티드로서, 모르핀을 대표로 하는 마약성 진통약의 수용체인 오피에이트(아편제) 수용체에 특이하게 결합한다.

이 중 아미노산 5개로 이루어지는 펜타펩티드를 엔케팔린(진통제)이라 하며, 메티오닌 및 류신-엔케팔린이 단리單離되어 있어 엔돌핀도 α-, β-, γ-의 3종이 동정同定되어 있다.

엔돌핀은 뇌하수체에 존재하여 호르몬과 같은 활동을 하고 있는 것으로 여겨지지만, 생리적 의의는 아직 밝혀지지 않고 있다. 뇌 속에서 마약 물질이 생성된다는 것이 처음 발견된 것은 1969년 영국에서였다. 엔돌핀이란 '몸속의 아편'이란 뜻인데 그리스 신화에 나오는 꿈의 신 모르페우스에서 따와서 '양귀비 풀의 즙'을 모르피네로 부른 데서 기인했다. 엔돌핀은 즐거울 때, 열심히 일할 때, 희망을 가질 때, 뇌파가 알파(α)파 상태가 되었을 때, 자연발생적으로 생성되어 행복감을 준다.

③ 혈액, 백혈구, NK세포

앞에서도 언급한 바 있듯이 웃음에는 여러 가지 효능들이 있다. 중에는 혈액순환이 잘되고 혈류량이 2~3배 증가하여 성인병을 예방할 수 있는 아주 중요한 효능도 있다. 이는 백혈구가 증가하여 면역기능이 향상되기 때문인 것으로 알려졌다.

통상적으로 하루에 1천 개의 암세포가 생겨나는데 웃으면 NK세포가 활성화되고 면역기능이 강화된다. NK세포Natural Killer Cell는 암세포를 5분 만에 끌어안고 죽는 자연살상 세포를 말한다.

우리 몸 안에서 세포끼리 싸우는 장면을 한번 상상해 보라. 자연살상 세포의 활약상이 눈에 보이는 것처럼 뿌듯하지 않은가 말이다. 이런 뿌듯함을 제공하는 것이 바로 다름 아닌 웃음인 것이다.

그래서 나는 이 유쾌하고 고마운 NK세포에 '논개세포'라는 별칭을 붙여주었다. 적장을 끌어안고 강물 속으로 뛰어든 용감하고 아름다운 그 논개 말이다. 우리 몸속의 논개세포, NK세포를 위해 열심히 웃어서 스트레스도 날려버리고 암세포도 몰아내버리자.

푸하하하 웃음 트레이닝

오쇼 라즈니쉬가 '웃음은 무심의 경지로 들어가는 아름다운 문'이라고 말했듯이 웃는 일은 모든 것을 잊고 깨끗하고 맑은 처음으로 돌아가는 것이다.

웃음은 목과 입으로만 웃는 것이 아니라 온몸으로 웃는 것이기 때문에 하루에 10분쯤 시간을 내서 처음 5분 동안은 몸을 가볍게 풀고 나머지 5분 동안은 무념무상으로 큰 소리를 내며 웃는 연습을 하자. 그러고 나면 저절로 기분이 좋아지고 온몸에서 열이 나며 혈액순환이 좋아진다. 칼로리 소모로 인해 체지방 분해 효과까지 얻을 수 있다. 얼굴에는 80종류의 근육이 있는데 그 가운데 소근, 구각하제근, 대협골근, 구륜근들이 표정에 직접적으로 관여하는 근육들이다. 이 다섯 근육을 집중 단련시키는 웃음 트레이닝 방법은 거울을 보며 입

술꼬리가 올라가도록 활짝 웃는 훈련을 하는 것이다.

아, 에, 이, 오, 우 소리를 내며 입을 크게 벌리는 연습과 다양한 표정 을 규칙적으로 연습하다 보면 차츰 입술꼬리가 예쁘게 올라가는 자신을 발견하게 될 것이다. 이런 연습을 지속적으로 하게 되면 매력적이고 아름다운 웃음을 웃게 되는 것을 물론이고 얼굴 근육에 탄력을 주어 노화방지도 되는 이중효과를 누릴 수 있다.

- '아' 소리 내며 웃기 : '아, 아' 하고 소리를 내며 턱이 움직일 정도로 크게 입을 벌려 웃는다.
- '에' 소리 내며 웃기 : '에, 에' 하고 소리를 내며 입술꼬리에 힘을 주며 웃는다.
- '이' 소리 내며 웃기 : '이, 이' 하고 소리를 내며 입술꼬리를 잡아당긴다.
- '오' 소리 내며 웃기 : '오, 오' 소리를 내며 입술을 내밀고 크게 웃는다.
- '우' 소리 내며 웃기 : '우, 우' 하고 소리를 내며 입술을 살짝 앞으로 내밀고 웃는다. 뽀뽀를 해달라고 할 때처럼 모양을 내면 된다.

매력적인 웃음을 위한 근육운동

사람의 얼굴에는 추미근, 안륜근, 대협골근, 소협골근, 상순거근, 이근, 활경근, 측두근 등 많은 근육이 있는데 이 중에서도 구륜근은 웃음과 직결되는 근육이다.

구륜근을 단련시키면 아름다운 미소를 지을 수 있을 뿐만 아니라 웃을 때 생기는 입가 주름도 예방한다. 평소에 집게손가락으로 입술 꼬리를 지그시 누르고 웃는 연습을 하면 잔주름과 근육이완을 방지할 수 있다. 그 단계가 자연스럽게 된다면 다음은 두 손을 주먹 쥐고 볼을 마사지한다. 볼에 탄력이 생기면서 보다 멋지게 웃을 수 있을 것이다.

거울 앞에서 서서 자신의 웃는 모습을 관찰해가며 웃는 사람은 아마 거의 없을 것이다. 하지만 당장 오늘부터라도 그렇게 해보자. 세상 어떤 일이든 노력과 연습 앞에선 모두 함락당하고 마는 것이다. 이 책의, 이 부분을 읽고 있는 독자들은 지금 당장 거울 앞으로 가자. 모나리자가 아니고 미스코리아가 아니면 어떤가. 그들의 아름다운 웃음을 따라잡는 것은 시간문제다.

이왕 웃을 거라면 입을 아주 작게 벌려 웃거나 소심하게 웃는 것보다는 적어도 앞 윗니가 다섯 개 이상 보이도록 웃자. 입술 꼬리가 살짝 올라가고 눈웃음도 짓자. 거울 앞에서 입술꼬리를 누르며 근육운동을 열심히 했다면 매력적인 웃음이 당신 얼굴에 번지게 된다. 이른바 놀라운 웃음의 효력을 느끼게 될 것이다.

사람들의 웃는 모습을 가만히 관찰해 보면 다 같은 모습으로 웃고 있는 것 같아 보여도 모두 제각각이다. 입을 조금만 벌리고 웃는 사람이 있는가 하면 목젖이 다 보이도록 웃는 사람도 있고 살인미소라고 불릴 만큼 미소가 아름다운 사람이 있는가 하면 입가에 손을 대고 소심하게 웃는 사람도 있다. 또 같은 사람이라도 누구와 어떤 이야기를 하면서 있느냐에 따라 웃는 모습이 달라지기도 한다. 일반적으로

어려운 상대와 같이 있게 되면 호탕하게 웃는다거나 박장대소를 하는 일은 삼가게 된다. 긴장을 하고 있기 때문인데 이럴 때는 일부러라도 마음을 밝게 갖고 좋은 표정을 지을 수 있도록 노력해보자.

입술꼬리 근육운동과 볼 근육 운동을 제아무리 열심히 해서 매력적이고 아름다운 웃음을 만들고 난 뒤에도 계속해서 그 웃음을 유지해야 한다.

웃는 얼굴 표정 그대로를 최소한 10 ~15초 동안 간직해 보자. 얼굴에서, 마음에서, 온몸에서 파워가 느껴질 것이다. 웃는 표정을 오래 유지하면 할수록 그 파워의 정도가 달라진다.

당당하고 자연스럽게 미소 짓는 사람은 누가보아도 자신 있고 능력 있어 보인다. 그것이 바로 웃음의 능력이고 힘이다. 이런 웃음은 즐거운 마음과 미래에 대한 희망을 품은 상태에서 나오는 웃음으로 재미있는 얘기를 들을 때 터뜨리는 웃음과는 사뭇 다르다.

1960년대 미국 대통령 선거전에서 항상 미소를 잃지 않은 케네디가 무거운 표정의 닉슨을 압도한 일화는 유명하다. 매력적으로 미소 짓는 사람이 그렇지 않은 사람보다 성공할 확률이 그만큼 높다는 논리를 극명하게 드러낸 예이기도 하다. 이런 효과를 '스마일 파워'라고 한다. 매력적으로 웃는 얼굴은 사람을 따르게 하고 다른 사람에게 행복을 전파하며 곧 자신에게도 좋은 작용으로 되돌아온다는 뜻의 단어이다.

현대사회에서는 개인이 가진 실력이나 지식도 중요하지만 첫인상으로 인한 대인관계도 무시할 수 없는 중요요소이기 때문에 이런 말이 나온 것이리라.

우리 몸에는 650여 개의 근육이 있다. 쾌활하게 웃을 때는 얼굴에 있는 80여 개 근육을 포함해서 모두 231개의 근육이 움직인다. 스마일 파워 대협골근과 안륜근이 눈과 뺨과 입술 양끝을 움직여 만들어진다. 스마일 파워를 키우려면 근육 훈련을 해야 한다. 나이가 들면서 운동량이 줄어들면 얼굴 근육도 퇴화하기 때문에 훈련을 통해 젊고 탄력 있는 근육을 만들어야 아름다운 미소가 나올 수 있다.

아침에 조깅이나 체조를 하듯이 입술 주변의 근육을 집중적으로 단련하는 훈련이 필요하다. 입을 크게 벌렸다가 오므리는 운동, 거울을 보며 웃는 얼굴을 만드는 연습 등을 꾸준히 하면 도움이 된다. 이런 적극적이고 규칙적인 훈련에 긍정적인 사고를 더한다면 더없이 금상첨화다.

긍정적인 사고를 위한 5계명

1계명 : 작은 일에도 감사하자.

2계명 : 사람들에게 친절하자.

3계명 : 지금 힘든 일이 언젠가는 반드시 보상받는다고 생각하자.

4계명 : 꿈꾸던 일이 이루어졌다고 상상하자.

5계명 : 지금 이 순간이 내 생애 최고의 순간이고 마지막 순간이라고 생각하자.

같은 미소라 할지라도 입술꼬리가 살짝 올라간 웃음은 입술꼬리가 처진 웃음보다 보기 좋고, 이를 보이게 웃는 모습과 그렇지 않은 웃음에도 차이가 있다. 입술의 두 꼬리가 좌우 눈동자의 폭 만큼 벌어지면 더없이 매력적인 웃음이다. 이렇듯 매력적인 웃음이 있는가 하면 호감을 주지 못하는 미소도 있다. 그것은 치과적인 문제가 있을 때 그럴 경우가 많은데 충치나 잇몸질환, 입 냄새를 걱정하는 사람은 입술을 자연스럽게 벌리지 못하기 때문이다.

이가 누렇거나 배열이 고르지 못한 경우엔 입술꼬리가 처지게 되며 이가 검은 사람은 입을 벌리지 않으려고 하기 때문에 긴장된 미소를 짓게 된다. 이럴 땐 미용치료를 받는 게 좋다. 물론 이를 치료했다고 해서 저절로 매력적인 웃음과 표정이 만들어지는 것은 아니다. 자신에게 맞는 개성적인 미소를 찾아내 적절한 웃음 훈련을 하는 게 중요하다.

미소지을 때 벌어지는 입술의 양끝이 위로 올라갈수록 스마일 파워는 커진다. 입술꼬리를 한껏 올려 하얗게 빛나는 건강한 치아와 잇

몸을 드러내 보일 때 미소는 가장 큰 힘을 발휘한다.

많이 웃으려면 많이 감사하자

내가 수강생들을 대하면서 항상 느끼는 것은 웃음을 선물 받는 참가자의 반응이 정말 폭발적이라는 것이다. 도대체 저 사람들 어디에 저렇게 호탕하고 기운찬 웃음이 숨어 있다가 나오는 것인지 나 역시도 궁금한 일이다. 물론 내 앞에 서 있는 수강생 모두의 시작 웃음은 항상 긴장감이 서린 웃음이다. 웃음이 보약인 줄은 알지만 서먹하고 어색해서 처음엔 분위기 적응이 잘 안 되는 것이다. 백 번 천 번 이해가 가는 부분이다.

나 역시도 사람들을 웃겨야 한다는 부담감으로 그 자리에 서 있기 때문이다. 그러나 이런 긴장은 1초면 끝이다. 방법은 간단하다. 교육 효과의 제일 좋은 방법은 보여주는 것, 그래서 나는 내가 먼저 오버한다. 내가 먼저 크게 웃고 사람들을 따라하게 만든다. 그러고 나면 언제 그랬냐는 듯 사람들은 웃는 일에 적극적인 태도를 보인다.

한참을 그렇게 웃다가 회한과 반성의 시간을 갖는 것이다. 이 시간만 되면 어김없이 눈물바다가 된다. 나도 기어이 울고 만다. 누구를 막론하고 자신의 삶을 되돌아 볼 수 있는 귀중한 시간이기 때문이다.

얼마 전 보훈병원에서 중증환우를 위한 웃음치료를 한 적이 있는데 그 곳에서 정말 기적 같은 일이 일어났다. 짧은 시간이었지만 말을 못했던 환자가 노래를 따라 부르고, 소아마비 환자가 박자에 맞춰 춤을 춘 것이다. 다시 생각해 봐도 믿기 힘든 일이지만 거기 있던 모든 사람들의 환호와 박수를 받으며 그렇게 웃음의 기적이 일어난 것이다.

그래서 나는 '웃음치료사 1호'라는 기분 좋은 꼬리표를 사랑한다. 웃음 강연과 지도자 양성으로 주말과 휴일에도 쉴 틈이 없지만 내가 결코 지쳐서도, 지칠 수도 없는 이유는 웃음의 기적을 목격할 수 있기 때문이다. 이는 내가 이렇게 열정적으로 일할 수 있는 힘의 원동력이기도 하다.

나는 감사하는 마음에서 웃음이 시작된다는 것을 깨달았다. 힘들고 고통스러워도 감사하고, 작은 것에도 감사하는 사람은 큰 것에도 감사할 줄 안다.

누구든지 만나면 웃어주자. 그리고 칭찬해 주자. 그러면 행복할 수 있다. 행복은 성취대상이 아니다. 행복은 저 멀리 있는 환상도 아니다. 행복은 지금 우리 맘속에 와 있다. 다만 우리가 깨닫지 못하고 있을 뿐이다. 그것을 깨닫는 순간 비로소 행복이 시작되는 것이다.

Chapter 7

웃음의 심리학

오늘 가장 좋게 웃는 자가 역시 최후에도 웃을 것이다.

—니체

He who laughs best today, will also laugh last.

—Nietzache

웃음이란?

　웃음에 관한 오랜 역사와 수많은 연구에도 불구하고 웃음에 관한 해부학적 구조는 아직 완전히 밝혀지지 않았다. 웃음을 어떻게 정의하느냐에 따라 달라지는 문제겠지만 웃음이란 외부 자극이 시상하부를 거쳐 발생하는 기쁨, 분노, 슬픔 등의 감정이 중뇌 변연계로 전해지면서 생기는 자연적인 현상이라고 정의할 수 있다.

　좀더 자세히 말하자면 외부 자극이 편도 핵과 해마를 거치면서 감정을 갖게 되고 이는 운동을 조절하는 대뇌의 전두엽과 두정엽 사이로 전달되어 근육을 움직이게 되며 결국 웃는 행동을 유발한다는 것이다.

　통상적인 개념의 웃음이란 기대했던 개념이나 고정관념이 깨질 때 반응하는 놀람과 기쁨의 소리로, 이 세상에서 가장 아름다운 소리라고 말할 수 있다. 웃음laughter의 종류에는 미소, 조소, 냉소, 고소, 홍소, 실소, 파안대소, 박장대소, 폭소, 요절복통, 포복절도 등이 있는데 그중 최고의 웃음은 큰 박수를 치며, 큰 소리로 파안대소하거나 박장대소하는 웃음이다.

또 웃음을 기쁨의 산물로서, 신체적 자극에서, 기쁨에서, 우스꽝스러움이나 겸연쩍음에서, 병적病的요인 등에서 오는 것으로 분류할 수도 있다. 이밖에도 웃음의 원인이나 종류에 대해서는 여러 가지 설이 있다.

칸트의 경우, 정신적인 긴장상태에서 뜻밖의 결과로 인하여 긴장이 풀리면서 우스꽝스럽게 느껴지는 감정을 웃음이라고 표현했으며 M.베르트하이머는 만화를 보면서 웃는 행동도 웃음의 영역에 포함시켰다. W.멕도갈은 웃음의 종류를 상대방에 대한 호의와 상대에 대한 가벼운 비판인 조소로 나누어 설명하기도 했다. H.베르그송은 정신이 물질화가 바로 웃음이라고 말하기도 했다.

자, 여기 두 사람이 있다고 가정해 보자. 한 사람은 웃고 있고 다른 한 사람은 화가 난 표정이다. 당신이 두 사람 중 한 사람에게 말을 걸어야 할 위치에 놓인다면 과연 누구 앞으로 걸어가겠는가? 당연히 웃고 있는 사람 앞으로 가고 싶을 것이다. 그 이유는 웃음이 무언 속에서도 의사소통을 가능케 하는 첨단언어이기 때문이다.

우리는 왜 웃을까? 웃는 이유는 무엇일까? 일반적인 관점에서 보면 웃음의 동기는 기쁨, 행복감, 자기만족 등에서 비롯된다고 할 수 있다. 하지만 때로는 모멸감, 반항심 등이 느껴질 때도 웃을 수 있다. 물론 이것은 우리가 인간이기 때문에 가능한 일이다.

생리학적인 측면으로 접근한 웃음이란 뇌의 특정부위를 자극하는 데서 비롯되는 것이라고 말할 수 있다. 즉 웃기는 이야기나 상황으로 자극을 받은 뇌의 복합적인 작용에 의해서 유발되는 것이 바로 웃음이다.

웃는 모습에 따라서도 보여지는 양상이 모두 다른데 활짝 웃는 것은 만족감을 나타내는 것이고, 입술꼬리가 비틀리며 웃는 것은 마음속에 악의를 품고 있는 것이다. 너무 소리를 내어 깔깔거리는 것은 사람이 가벼워 보이며 호탕하게 웃는 것은 남성미가 넘치고 대범하게 느껴진다.

일반적으로 어린 아이의 웃음은 감정에 따라 좌우되는 어른들의 웃음과는 달리 단순한 신체적, 감정적 표현이다. 그렇기 때문에 간지럽거나 불편할 때 특히 대소변이 나올 경우에 흔히 볼 수 있다. 이런 시기를 거치고 나면 단순한 웃음에서 벗어나 보다 복잡한 웃음으로 바뀌게 된다. 즉 성장하면서 정신적이고 사회적인 더 웃음이 많아지며 표현도 점차 복잡한 의미를 담은 미소로 변한다. 청년기 이후가 되면 웃음의 단순한 동기나 모습에서 탈피해 그 웃음을 생산하는 주체가 되는데 그 웃음을 통해서 자기를 객관화하고 보다 더 사회 친화적으로 대인관계를 맺으려는 의지를 발전시키기도 한다.

프랑스의 보건전문지 《상떼Sante:건강》에서 언젠가 '웃음의 약효'를 주제로 다룬 적이 있다. 그 내용 중에서도 특히 프랑스 의사들이 가장 많이 권하는 '약품' 가운데 하나는 '웃음'이라는 부분이 눈에 띈다.

웃음은 폐와 기도를 확장시켜서 공기의 유입과 배출을 촉진시킬 뿐만 아니라 상부 호흡기를 청소해 호흡을 정상화시켜준다고 한다.

이러한 프랑스의 연구에 반해, 영국에서는 '웃음'의 효능을 알아보기 위해 분노부터 연구했다. 즉 화를 내는 것이 인간에게 얼마나 해로운가를 실험한 것이다. 이에 따르면, 화를 낸 사람이 내쉰 숨(날숨)을 액체질소로 급랭시켜본 결과 노란색의 독소액체가 나왔고 이런 날숨 1시간 분량의 독소는 80명의 사람을 죽일 수 있다고 한다.

듣기만 해도 소름끼치는 결과가 아닐 수 없다. 웃음이 정상 상태의 몸에서는 그다지 위력을 발휘하지 못하나 분노, 초조, 불안 등으로 스트레스를 받을 때는 탁월한 '청량제'구실을 한다는 사실도 밝혀졌다.

아이들은 생후 2-3개월 후부터 웃음의 횟수가 많아져 하루에 400번 이상 웃는다고 한다. 6세의 아이도 하루에 300번 정도는 웃지만 성인이 되면 점점 웃음이 사라져 하루에 100번에서 평균 14번 정도까지 급격히 줄어들게 된다. 심지어는 하루에 단 한 번도 웃지 않고 지내는 사람도 꽤 많다.

웃음을 통해 마음이 유쾌, 상쾌, 통쾌해진다면 세상에서 이보다 더 훌륭한 보약은 없을 것이다. 신이 인간에게 내려준 가장 큰 선물은 바로 우리 얼굴 안에 잠재하고 있는 웃음이다.

이런 웃음이 인간만의 전유물이 아니라는 설도 있다.

미국 불링그린주립대 심리학과 잭 팬셉 교수는 특별히 고안한 기구를 통해 쥐가 웃는다는 사실을 확인했다.

어둠 속에서 쥐를 간질이자 '킥킥킥'하는 웃음소리를 들을 수 있었다고 한다. 뿐만 아니라 실험결과, 쥐도 사람처럼 나이가 적을수록 많이 웃는다는 사실도 알아냈다. 이 과정에서 간지럽힘과 그에 대한 반응을 단순한 반사작용으로 볼 것인지, 적극적인 웃음의 의미로 해석할 것인지를 규정짓는 것은 단순한 문제가 아니다. 왜냐하면 웃음은 단순한 근육움직임이 아니라 사회적인 언어와 유머를 전반적으로 이해할 수 있는 문화적인 표현이기 때문이다.

의사들은 '좋은 웃음은 규칙적인 운동만큼 가치가 있다'고 말한다.

미시건대학의 심리학과 로버트 자니언 교수는 '웃을 때 전신이 이완되고 질병을 고치는 화학물질이 혈류로 들어가기 때문에 인체는 자연스러운 균형 상태로 돌아가게 된다'고 설명했다.

이렇듯 웃음이 건강과 연관된 것만은 아니다. 여성이 사랑을 하게 되면 예뻐진다는 말이 있다. 이것은 확실히 근거가 있는 이야기다.

여성이 남성과 사랑을 나누게 되면 아무래도 자기 자신을 가꾸게 된다. 외모의 청결은 물론 긴장을 하고 신경을 쓰기 때문이다. 게다가 자주 미소를 짓고 표정도 한층 밝아진다. 또 여성의 성호르몬 에스트로겐의 분비가 촉진되어 더욱 여성스러워지는 법이다.

그렇다면 웃음은 어떻게 여자를 예뻐지게 하는 걸까?

행복한 순간에 나오는 웃음은 혈압을 상승시켜 혈액순환을 활발하게 하여 얼굴을 발그레 상기 시켜주고, 엔돌핀을 생성하는 카테콜라아민의 분비를 증가시켜 우리 몸에서 스트레스에 관련된 화학물질들 즉 플라스마, 코티솔, 에피네프린과 도팍 등을 감소시켜 최상의 컨디션을 가져다준다. 때문에 가장 행복한 순간, 여성의 아름다움은 최고조에 달하는 것이다. 예뻐지는 비결? 그것은 바로 사랑, 그리고 행복한 웃음이다.

웃음의 본질

우리 속담 중에 '웃는 얼굴에 침 못 뱉는다.'라는 말이 있다. 이는 아무리 화가 나고 안 좋은 상황에 처해 있더라도 웃음을 단초 삼아 문제를 해결해 나간다면 어려울 것이 없다는 선인들의 지혜가 담긴 속담이다. 사람의 눈이 마음의 창이라면 웃음은 마음의 대화라고 생각하면 된다. 대화의 물꼬를 웃음으로 터놓는다면 그 다음의 물길은 그야말로 물 흐르듯 유연하게 흘러가게 되는 것이다.

어린 아기의 순수하고 깨끗한 웃음을 한번 쳐다보라. 어디 하나 흠 잡을 데 없는 천사의 웃음이다. 웃음은 아기가 세상에 태어나 첫 번째로 자신의 존재감을 확인 받는 증거와도 같은 것이다.

물론 아기가 자라면서 그 순수한 웃음에 여러 가지 세파가 끼어들 것이다. 그리고 세파의 무게를 견디지 못하고 점점 순수함을 잃게 될지도 모른다. 그것이 바로 인생의 다름 아닌 과정이라고 못 박는다면 할 말이 없다.

하지만 적어도 아기가 웃을 때 만큼은 엄마도 아기도 행복감에 젖는다. 왜냐하면 아기의 웃음은 편안함과 건강함 그리고 만족의 표시이기 때문이다.

그래서 웃음은 인간이 가지는 첫 번째 사회활동이라고 말할 수 있다. 앞에서도 언급했듯이 웃음 자체가 부드러운 대화요, 호감의 표시이기 때문이다. 그렇다고 해서 우리가 어떤 상황에서도 웃을 수 있는 것은 아니다. 만일 그렇게만 할 수 있다면 우리는 천사이거나 신이거나 둘 중 하나일 것이다. 하지만 그러한 상황을 많이 만들면 만들수록 우리는 보다 더 성숙해질 수 있다. 절대 울지 말라는 얘기가 아니다. 웃을 수 없는 사람은 울지도 못한다. 웃음과 울음은 항상 그렇게 함께 하는 것이다.

요즈음엔 눈물이 말라버린 사람들이 참 많다. 눈물이 없으므로 울수가 없는 것이다. 그들의 눈엔 깊이가 없고 감정이 없다. 웃을 수 없는 것이 불구인 것처럼 울 수 없는 것 또한 불구이다. 웃을 수 있는 사람만이 울 수 있다. 우리가 울 수 있고 웃을 수도 있다는 것은 살아 있다는 증거이기 때문이다.

웃음은 행복의 첫 단추이므로 행복해지려거든 웃으면 된다. 웃음이 있는 곳엔 언제나 즐거움이 있고 생활의 활력이 맴돈다. 복잡하고 힘든 이 세상에서 웃으며 살아 갈 수 있는 것은 참으로 복된 일이 아닐 수 없다. '웃는 집에 만복이 들어온다(笑門萬福來소문만복래)'라고 했으니 웃고 사는 것은 복을 만드는 것이나 다름없다.

그러니 일부러 시간을 정해놓고서라도 웃어야 한다. 얼굴도 웃고 마음도 웃어야 한다. 표정만 그럴듯한 웃음은 진짜 웃음이 아니다. 그것은 단순한 근육운동에 불과하다. 이왕 웃으려거든 마음속에 접혀 있던 주름까지 펴지게 크게, 활짝, 자지러지게, 소리 내서 웃자.

자, 웃어라! 웃음은 인간이 보유한 최고의 본성이다. 우리는 우리의 본성을 최대한 활용해야 할 의무와 책임이 있다.

미국에서 10년간 100세 이상 노인들의 장수비결을 연구한 결과 세 가지로 판명되었는데 그것은 긍정적인 사고, 신앙심, 봉사정신이었다고 한다. 이는 낙천적인 성격이 세상을 살아가는 데 얼마나 중요한 것인가를 잘 말해주고 있다. 결국 긍정적인 사고가 웃음을 불러온다는 결론이다.

알래스카에서 냉장고, 감기약, 수영복을 팔고… 아프리카 원주민에게 양말과 신발을 팔고… 신혼부부에게 납골묘를, 노인에게 인라인스케이트를 팔 수 있다고 생각하자. 그리고 그 생각에 목표에 대한 강한 의지를 가미하자. 그것이 바로 긍정적인 사고이며 웃음의 원천적인 샘이다.

웃음은 왜 필요한가?

유대인들에게는 '프림'이라는 명절이 있다. 옛날 페르시아제국의 박해를 잊지 않기 위해서 봄이 오면 대대적으로 하는 행사이다.

이 행사에서 유대인들은 '헤망'이라는 과자를 즐겨 먹는데 헤망은 옛날 페르시아 재상의 이름이라고 한다. 이날 하루만이라도 원수를 먹어 버려서 승리감을 맛보자는 의도이다. 비록 과자일망정 미워하는 사람의 이름을 붙여 먹어버린다는 재미있는 발상, 이런 유머 감각 때문에 유대인들을 '웃음의 민족'이라고 부르는지도 모르겠다.

유대인들은 서로 만나서 반드시 농담 한 마디씩을 건네는데, 머리의 훈련이 되기 때문이라고 한다. 이 머리의 훈련에 의해서 새로운 발상법과 자유분방한 정신이 길러진다고 믿는 것이다.

어쩌면 같은 민족인 아인슈타인이나 프로이트를 최고의 코미디언이라고 부르는 이유도 기성의 개념을 타파한 독특한 발상법 때문이라는 생각이 든다. 수많은 박해를 받으면서도 결코 좌절하거나 절망하지 않는 유대인들의 웃음 밑바탕에서 해학과 여유가 느껴지는 대목이다. 정말 위대한 웃음이 아닐 수 없다.

하지만 이러한 위대한 웃음도 끊임없이 노력하고 훈련하지 않으면 이루어지지 않는다. 세상의 즐거움과 행복이 내 앞에 저절로 다가와 주지 않는 것과 같은 이치이다. 웃음이 만들어지면 마음이 밝아지고, 마음이 밝아지면 생각이 바뀌며 일이 원활하고 순조롭게 풀려나가고 어느새 행복해진다. 우리가 웃고 또 웃어야 하는 이유이다.

웃음은 건강을 지켜준다

유쾌한 웃음은 동서고금을 막론하고 건강과 행복의 상징으로 통용돼 왔다. 한방에서는 칠정七情, 즉 감정에 따라 인체 기氣 흐름이 달라진다고 한다. 그래서 웃음으로 인해서 생기는 감정이 기의 흐름을 부드럽게 만들 수 있다는 것이다.

이미 밝혀진 웃음의 생리적 효과는 뇌하수체에서 엔돌핀을 생성해서 자연 진통효과를 발생한다는 것과 웃음에 의해 동맥이 이완되어 혈액순환을 좋게 하고 혈압을 낮추는 것, 그리고 스트레스와 분노, 긴장을 완화시켜 심장마비와 같은 돌연사를 예방하는 것, 면역력을 높여 감기와 같은 감염질환은 물론 암이나 성인병에 대한 저항력을 높이는 것 등으로 나누어 볼 수 있다.

웃음 속에 희노애락喜怒哀樂이 다 표현되어 있기는 하지만 진정한 웃음은 기쁨과 즐거움을 소리 내서 웃는 웃음이다. 우리가 웃고 혹은 웃지 않고 하는 문제는 간단한 표정의 차이가 아니라, 건강과 매우 밀접한 관계가 있다는 사실을 알아야 한다. 웃음은 자신감과 열정의 표현이고 리더십의 완성이다. 이러한 주장을 뒷받침해 주는 재미있는 실험 한 가지가 있다. 자신감이 있는 뇌와 소극적인 뇌를 동

시에 촬영해 보았더니 자신감이 있는 뇌에 비해 소극적인 뇌의 활성
화율이 20%나 작게 나왔다고 한다.

웃음이 자신감, 사랑, 아름다움, 성공, 건강, 리더십 등을 배가시킬
수 있는 가장 훌륭한 프로그램이라는 것을 증명해준 것이다. 웃음이
이렇게 놀라운 효과와 능력을 지녔다고 해서 도구, 장소, 예산, 기법
등의 까다로운 조건을 전제로 하는 것도 아니다. 그저 웃을 수 있는
마음가짐만 있으면 되는 것이다.

요즈음 웃음치료가 직장, 학교, 병원 등으로 점차 확산되고 있는
데, 웃음의 가치는 돈으로 환산할 수는 없을 만큼 값진 보약이다. 웃
음은 공장 없이, 원료 없이 공장을 돌리는 애국기업인 것이다.

한 사람 한 사람이 모두 이 공장의 주인이 되는 셈이다. 그러니 웃
을 수 있는 사람은, 웃을 마음의 준비가 되어 있는 사람은 얼마나 큰

부자인가 말이다.

진정한 부자는 재산의 부요함에 있는 것이 아니라 웃음의 양, 즉 웃을 수 있는 능력과 시간을 많이 가진 사람이다. 실제로 장수하는 사람들을 보면 낙천적인 성격에다 많이 웃으면서 삶을 즐겁게 살아온 사람들이 대부분이다. 옛날부터 우리나라는 자주 웃는 사람을 두고 '실속이 없다.', '허파에 바람이 들어갔다.', '헤프다.' 등의 표현을 쓰며 부당한 편견을 하는 편이었다. 그렇지만 웃음은 자신의 건강은 물론 타인에게까지 기쁨과 활력을 불어넣어 주어 마침내 밝고 명랑한 사회를 만드는 데 큰 도움이 된다.

① 웃음은 심장, 혈관에 도움이 된다

우리 몸에 피가 완전히 한 바퀴 도는 데에는 46초가 걸린다고 한다. 우리가 웃게 되면 혈류량이 증가하여 그로 인해 혈관이 청소가 되며 성인병 예방에 도움이 된다.

혈관의 길이는 80,000km가 넘는다. 인간의 혈관은 한 줄로 이으면 112,000km로서 지구를 두 번 반이나 감을 수 있다. 잘 웃는 사람들은 만성피로를 줄일 수 있으며 심장병에 걸릴 확률도 훨씬 적어진다.

② 웃음은 기관지, 폐에 도움이 된다

들숨을 쉴 때는 반드시 코로 산소를 가슴에 반만 채우고 날숨을 쉴 때는 반드시 입으로 내 뱉는다. 이때 숨을 뱉으면서 하하하로 웃는다. 그렇게 해야만 스트레스 호르몬인 코티솔을 억제하고 신선한 공기가 폐 속 깊은 곳까지 산소가 공급되어 나쁜 공기를 내보내고 깨끗한 공기로 순환될 수 있다. 뿐만 아니라 소리를 크게 지르며 웃으면 가슴이 후련해짐을 느낄 수 있는데 스트레스가 쉽게 해소될 수 있는 한 방법이기도 하다.

③ 웃음은 위, 간, 대장 소화기관에 도움이 된다

웃음은 또 인터페론 감마분비를 촉진시켜 바이러스에 대한 저항력을 증가시키고 각종 소화기암을 예방, 치료하는 효과가 있으며 소화기관을 안정시킨다. 크게 웃으면 심리적 안정과 내장운동, 전신운동을 통해 소화를 돕는 작용을 한다.

④ 웃음은 근육, 뼈에 도움이 된다

박장대소와 요절복통으로 한번 크게 웃으면 온몸이 요동친다. 이렇게 15초만 웃어도 윗몸일으키기를 25회한 것과 같은 운동효과를 얻을 수 있게 된다.

미소를 짓기 위해서는 17개의 근육 운동이 필요하고, 찡그리기 위해서는 43개의 근육을 움직여야 한다. 그래서 손뼉을 크게 치며 발을 동동 구르면서 웃는 웃음이 건강에 좋다.

⑤ 웃음은 오장육부[五臟六腑]에 도움이 된다

오장은 간장, 심장, 비장, 폐장, 신장을 말하며 육부는 대장, 소장, 쓸개, 위, 삼초三焦, 방광 등을 말한다. 장은 내부가 충실한 것, 부腑는 반대로 공허한 기관을 가리킨다. 삼초는 상초, 중초, 하초로 나뉘어 각각 호흡기관, 소화기관, 비뇨생식기관을 가리킨다.

옛날에는 오장육부라고 썼으나 후세에 육월편肉月偏을 붙여서 오장육부五臟六腑라고 썼다. 장과 부는 창고라는 뜻이다.

박장대소와 요절복통은 오장육부를 원활하게 움직여 준다.

웃음은 항체 생성을 한다

항체란 특정 병원체에 대항하는 면역체다. 그런데 여러 가지 실험 결과, 사람이 웃고 난 후 항체가 가장 많이 만들어진다는 사실을 발견했다. 뿐만 아니라 12시간이 지난 후에도 이 항체는 크게 줄지 않았다. 그렇다면 웃음 때문에 생긴 면역기능은 실제로 환자들에게 얼마나 도움이 될까?

환자들의 기분이나 정신 상태와 질병이 서로 밀접한 관계가 있다는 사실을 경험하게 되었다는 일본의 요시노 박사는 관절염 환자 26명에게 한 시간 동안 라쿠고(일본식 만담)를 듣게 했다. 그러고 나서 만담을 듣기 전과 듣고 난 후 '인터루킨 6'이라는 면역물질의 변화를 비교했다고 한다.

'인터루킨 6'은 염증이 생겼을 때 백혈구들이 모이도록 정보를 전달하는 역할을 한다. 염증이 심할수록 그 수치는 올라간다.

이 실험에서 관절 류머티즘 환자의 혈액 속에 있는 '인터루킨 6'이라는 물질이 고작 한 시간의 라쿠고로 급격히 줄어들었다는 사실은 놀라운 일 이 아닐 수 없다. 관절 류머티즘 환자들을 치료하면서 '인터루킨 6'을 이렇게 까지 낮출 수 있는 약은 없었다고 한다.

웃음은 스트레스를 날려준다

스트레스란 자신의 잠재된, 혹은 의식적 욕구가 현실적 결핍에 의해 거부될 때 느끼는 정신적·신체적 반응이다. 다시 말해 생존이 위험하다는 판단과 느낌이며, 쾌락과 행복은 생존이 성공적이라는 판단과 느낌이라고 말할 수 있다. 따라서 성공과 실패에 대한 기존의 판단과 느낌을 변화시킴으로써 스트레스를 극복할 수 있다.

요즘 우리 현실은 경제불황에 따른 미취업, 구조조정, 명예퇴직, 감봉 등으로 많은 사람들이 불안, 초조, 긴장을 포함해 심한 스트레스를 받고 있다. 단순히 스트레스를 받는 것으로 끝나지 않고 당뇨, 우울증, 두통, 불면증, 어지럼증, 위산과다, 소화성 궤양, 고혈압, 협심증 같은 스트레스증후군까지 달고 살아야 하는 실정이다.

스트레스는 만병의 근원이다. 애초부터 만병의 근원이 될 스트레스를 키우지 말아야 할 일이지만 그런 현실이 아닐 바에야 어쩌겠는가. 이왕 생긴 스트레스는 바로바로 그 자리에서 날려버리자. 우리에겐 스트레스의 강력한 천적, 웃음이 있지 않은가.

유머 속에서 신뢰가 싹튼다

우리는 재미있거나 신기한 일이 있을 때, 그런 일들을 함께 느끼고자 하는 바람 때문에 다른 이에게 빨리 알리고 싶어 하는 욕심이 생긴다. 때때로 그것은 살아있다는 증거가 되고 존재의 이유가 되기도 한다.

마음 깊은 곳에서 우러나온 기쁨과 만족이 얼굴 근육을 움직이고 그것이 다른 이에게 미소나 웃음으로 비쳐지는 것은 한 인간으로서 나를 인식하고 또 다른 인간인 다른 이들로부터 진정한 마음속 메아리를 듣고 싶어 하는 욕구이기도 하다.

사람과 사람이 대화하는 일, 커뮤니케이션의 사회를 이루어간다는 일은 서로의 사고와 느낌을 교류해간다는 것의 다름 아닐 것이다. 어쩌면 그것은 둘이서 혹은 여럿이서 한 가지 음식을 만들어가는 과정에 비유할 수 있다. 재료를 준비하고 밑간을 하고 열을 가하고 음식이 탄생될 때까지 어느 것 하나 소홀하지 않아야 훌륭한 음식이 나올 수 있듯이 대화도 마찬가지이다.

서로의 이야기를 귀담아 들어주고 의견조율을 하는 것이 대화의 뛰어난 기술이 될 수 있다. 거기에 유머라는 양념이 가미된다면 그것은 금상첨화인 것이다. 아무리 그럴듯하게 데코레이션된 음식이라도 간이 맞지 않으면 무용지물인 것처럼 유머는 음식의 간이라고 생각하면 된다. 그래서 말하는 이와 듣는 이 사이에 친교를 쌓으려면 유머의 기술을 먼저 터득하라는 말도 있다.

물론 그럴 경우 상대를 가르치려 해서는 안 된다. 왜냐하면 그를 가르친다는 것은 그 우스개에 관한 한, 두 사람이 공유하는 바가 없다는 것을 의미하기 때문이다.

함께 웃는다는 것, 그것은 결국 우호적이라는 뜻이다. 우호적이라는 것은 신뢰가 쌓여간다는 증거이니, 같이 웃는다는 것은 곧 우호적인 것이요, 우호적인 것은 신뢰,라는 하나의 공식이 성립되는 것이다. 신뢰는 인간관계에 있어서 가장 기본적인 근간이요, 일의 성립을 이루기 위한 튼실한 기초공사이다. 유머 한 마디가, 웃음 한 조각이 그런 어마어마한 신뢰라는 재산을 가져다주는데 이 어찌 마다할 일인가.

웃음은 성공이며 행복이다

인간은 누구나 성공하기를 원하며 장수하기를 바란다. 하지만 그것이 말처럼 그렇게 쉬운 일은 아니다. 그렇다고 결코 어려운 일도 아니니 그 방법은 바로 웃음에서 찾을 수 있다. 웃음은 성공과 장수, 두 가지를 가장 쉽게 해결할 수 있는 만병통치약일 뿐만 아니라 지름길이다.

그런 까닭에 웃음은 일을 즐겁게 하고, 서로간의 관계를 부드럽고 편하고 재미있게 해주며 가정은 물론 직장까지도 밝게 해 주는 삶의 필수요소이다. 그러므로 웃음이 있는 곳엔 항상 많은 사람들이 모인다.

우리는 성공하는 사람들이 인상이 좋거나 항상 웃는 얼굴을 하고 있다는 사실에 주목해야 한다. 웃음이야말로 최고의 마케팅인 것이다. 웃음에는 상대방을 당기는 힘이 있으며 상대방의 허물까지도 용서할 수 있다. 이 말을 실증하는 좋은 예가 하나 있어 소개하고자 한다. 말콤 코슈너가 지은 《깡통들도 웃기면서 성공하는 사람》의 첫머리에 다음과 같은 이야기가 나온다.

디누치가 디지털사 영업이사로 임명됐을 때 각 분야의 이사들과 가진 저녁식사 자리에서 기술이사가 '앞으로 3년 내에 세계에서 가장 뛰어난 워크스테이션을 개발할 수 있을 것'이라고 자랑을 했다.

그러자 디누치가 "2년 안에 개발하지 못하면 후발제품이 되고 말 겁니다"라고 대꾸했다. 이에 기술이사가 발끈하고 나섰다.

"당신이 세상을 마음대로 조절하는 모양이구만."

순식간에 분위기는 싸늘해졌고 아무도 입을 열지 못했다.

그때 디누치가 이렇게 말했다고 한다.

"그걸 뛰어난 혜안이라고 하지요. 대부분은 그 사실을 깨닫기까지 몇 달이 걸리는데 당신은 45분 만에 눈치를 채셨군요."

난데없는 칭찬에 기술이사는 웃음을 터뜨렸고 식사가 끝날 즈음 디누치에게 완전히 매료돼 동기부여에 관한 강연을 부탁했다고 한다. 2년 뒤 그 회사는 신제품 생산에 성공해 세상의 이목을 집중시켰다.

위기상황일수록 유머의 가치는 더 커지는 법이다. 아무것도 아닌 것 같지만 기실 그 자연스러운 분위기 때문에 천냥 빚도 갚게 되는 것이 바로 유머인 것이다.

그뿐인가. 즐거운 환경과 웃음은 경제 가치와 맞바꿀 수 있는 훌륭한 자원이요, 재산인 것이다.

케네디 집안을 미국 최고의 명문가로 키운 사업가 조셉 케네디도 뛰어난 유머감각을 지녔었다고 한다. 해서 다른 기업가들과 협상할 때 언제나 냉정을 유지할 수 있었던 비결이 무엇이냐는 질문을 받으면 그는 언제나 이렇게 대답하곤 했다.

"내 상대가 빨간 내의를 입고 있다고 상상하면서 했지."

빨간 내의를 입은 촌사람을 상상하면 겁먹을 이유가 하나도 없었다는 얘기다.

사람이 만나 첫 인상이 결정되는 시간은 불과 6초 정도라고 한다. 이 짧은 시간 안에 신뢰와 결정과 판단이 모두 이루어지는 것이다. 첫인상을 결정짓는 요소로는 외모, 인상, 목소리 등 여러 조건들이 있겠지만 그중에서도 웃는 인상의 파워는 아무리 강조해도 지나치지 않을 정도로 중요하다.

오늘 하루 머리 아픈 일을 처리해야 하거나 투자에 대한 소득을 극대화시키고 싶다면 유머 파일을 한번 만들어 보라. 그리고 호시탐탐 그것을 활용할 기회를 노리는 것이다. 신문의 카툰, 적절한 비유와 역설적인 정의, 격언이나 속담을 활용하는 것도 좋은 방법이다.

웃음의 보물창고야말로 아무리 퍼내어도 줄어들지 않는 성공의 엔돌핀 저장소이다. 모든 것이 급변하는 무한경쟁력의 시대에 실력만이 전부가 아니다. '호감 가는 사람'으로 나를 이미지 메이킹 하는

데 가장 **빠른** 지름길은 바로 멋지게 미소 짓는 것이다.

진정한 성공은 사람을 많이 얻는 것이다. 사람을 많이 얻으려면 사람의 마음을 얻어야 한다. 사람의 마음을 얻는 첫 조건이 바로 웃음이다. 성공하려면 먼저 웃어라. 항상 부드러운 미소가 얼굴에 감돌도록 만들라. 표정이 아름다워야 일과 사랑에서도 성공할 수 있다.

편 웃음의 효과

이 시대 최고의 경쟁력은 바로 웃음이다

산업이 급속도로 발전하면서 사람들은 누구나 스트레스를 받으며 살아가고 있다. 그렇게 일상생활에서 쌓인 스트레스는 때로 정신건강을 해치기도 하고 육체적으로 이 들게도 한다.

더군다나 IMF 이후 심각한 경기침체와 구조조정을 겪고 있으며 생계형 실업자는 물론이고 청년실업자도 점점 늘어나고 있는 실정이다. 한국자살예방협회에 따르면 스스로 목숨을 버리는 사람이 2003년도 기준으로 1만932명에 이른다고 한다.

참으로 우울한 환경이 아닐 수 없지만 그러면 그럴수록 우리는 일부러라도 웃어야할 필요가 있다.

웃음은 사람과 사람 사이에 윤활유 역할을 해주는 매개체와 같은 것이다. 결국 대인관계에 있어서 성패를 좌우할 수 있는 중요요소로 작용하는 것이 바로 웃음이라는 얘기다. '인간관계가 좋은 사람이 성공한다'는 하버드대학의 연구결과를 뒷받침하는 내용이기도 하다.

웃음은 긍정적인 사고방식에서 나온다. 왜냐하면 남에게 웃어줄 수 있으려면 우선 내가 웃어야 하기 때문이다. 내가 웃을 수 있으려면 세상을 따뜻한 시선으로 바라보고 온화해져야 한다. 그렇게 해서 내가 웃고 내 웃음을 통해 남이 웃는다면 대인관계가 좋아짐은 물론이고 보다 원활한 커뮤니케이션이 이루어지며 그로 인해 일의 능률이 오르고 행복해지는 것은 당연한 일이다.

웃음의 가치를 따져보는 일이 우스울 정도로 그 가치는 정말 무한한 것이다. 그래서 세계 최고의 성공 동기 부여가인 지그 지글러는 "세상에서 가장 가난한 사람은 미소가 없는 사람"이라고 말을 하지 않았던가.

그러니 지금 당신이 이 세상에서 가장 가난한 사람이 되지 않으려거든 웃어라. 그러면 금세 세상에서 가장 행복한 부자가 될 수 있을 것이다.

웃음의 최고의 적은 바로 스트레스이다

웃음은 어떤 일에 있어서도 최고의 전략이 될 수 있다. 웃음은 성공을 향한 초석이고 행복을 위한 단초를 제공해준다. 웃음은 삶 자체의 기쁨이고 활력이다. 웃음은 세대를 초월하는 가교가 될 수 있고 동서양의 갭을 사라지게 할 수도 있다.

웃음은 곧 즐거움이다. 즐겁게 일을 하면 확고한 자신감과 함께 일에 대한 애정이 생긴다. 바로 편경영의 핵심인 '즐겁게 일하자'가 자연스럽게 이루어지는 것이다. 그러다 보면 직원이 즐겁고 기업이 즐겁고 고객이 즐거우며 가족이 즐거워지는 것이다.

이런 웃음의 무한한 잠재력을 들추어내려면 웃으려는 마음의 준비부터 되어 있어야 한다. 즉 마음을 여유롭게 가지고 긍정적인 눈빛이 되어야 한다는 것이다. 이제 웃음은 무한경쟁시대의 선택사항이 아니고 필수사항이다. 그런데 그런 웃음이 잘 만들어지지 않는 이유는 스트레스 때문이다. 스트레스란 정신적, 육체적 자극이 외부로부터 감지되었을 때 유기체가 느끼는 긴장이나 장애를 일컫는 말이다. 하지만 사람이 살아가면서 스트레스를 전혀 안 받고 살 수는 없는 일이다. 어찌되었건 사람은 무의식적으로라도 그렇게 스트레스를 받거나 부정적인 생각을 하면서 살아가게 된다. 따라서 스스로 노력하지 않으면 극도의 스트레스에 빠지기 쉽다.

살아가는 동안에 겪는 성공과 실패의 노하우, 그리고 노하우를 통해 알게 된 나름대로의 방법들로 이겨나가야 한다. 긍정적이고 낙천적인 성격도 연습하고 훈련하면 가능해진다.

이를 위해 적극적인 취미생활이나, 종교, 운동 등도 도움이 된다.

웃음의 운동 효과
① 10초 동안 박장대소를 해보자

신경계통, 호흡계통, 복부, 흉부, 얼굴 근육의 운동효과는 물론이고 결과적으로 심장, 뇌, 신경 등 인체 내 거의 모든 기관을 움직여 활성화시킨다.

② 느닷없는 폭소를 터뜨리자

횡경막을 이용한 복식호흡을 하게 됨으로써 가슴과 위, 목, 어깨를 마사지 하는 효과가 있다. 그러므로 이왕 웃을 거라면 배꼽을 움켜쥘 정도로 신나게 웃어야 건강에 효과적이다.

③ 온몸을 움직여 웃자

양팔을 어깨 넓이로 들어 올리고 박수를 치며 머리와 어깨, 몸통, 두 다리를 흔들어 가며 웃자. 웃음은 두뇌의 기민성과 기억력을 높이는 효과가 있다. 뿐만 아니라 뇌에서 베타 엔돌핀의 분비를 촉진시키고 모르핀 분비를 증가시켜 행복감을 맛보게 한다.

웃음의 치료 효과
① 웃음은 감기예방에 특효약이다

웃음은 감기 예방에도 특효약이다. 웃기는 비디오를 본 그룹과 가만히 방에 앉아 있는 그룹의 침에서 1gA의 농도를 실험해본 결과, 웃기는 비디오를 본 그룹의 침에서는 1gA의 농도가 증가하고 다른 그룹은 변화가 없었다.

여기서 1gA은 면역 글로불린의 하나로 감기와 같은 바이러스의 감염을 막아주는 역할을 한다. 즉 각종 면역세포들과 면역글로불린, 사이토카인, 인터페론 등이 증가되어 있고 코티솔 등 각종 스트레스 호르몬이 감소되었다는 것이다.

② 대체의학 치료에 효과가 있다

암을 극복하는 방법 중의 하나로 웃음치료가 활용되고 있다. 서울의 한 암대체요법 클리닉에서는 가족 간의 사랑을 북돋움으로써 체내의 면역력을 강화해 암세포와 싸우는 보완대체의학 방법을 쓰고 있다고 한다.

실제로 의사는 암 환자에게 '웃어라, 크게 웃어라'는 처방을 하고 있다. 3년 전 간암 4기 진단을 받은 A씨는 이 요법 덕택으로 지금 3년째 정상 생활을 하고 있다. 물론 암세포 자체가 없어진 것은 아니다. 담당의사는 "면역력이 강해졌기 때문에 정상 생활이 가능한 것이다"고 설명했다.

이런 놀라운 치료사례는 A씨만이 아니다. 40대 주부 B 씨는 유방의 암세포가 간으로 전이돼 2개월의 시한부인생 선고를 받았다. 그러나 4개월간의 치료 끝에 정상 생활이 가능할 정도로 증상이 호전됐다. 40대 후반의 전직 교사 C 씨는 위암 수술을 끝낸 뒤 구토와 복부 통증 때문에 고통이 컸다. 그러나 2개월간 치료를 받은 후 역시 정상 생활이 가능해졌다고 한다. 물론 보완대체의학이 만능이라는 얘기는 아니다. 이보다 더 중요한 것은 암을 이길 수 있다는 환자의 의지일 것이다. 거기에 면역력을 증대시키기 위한 방법을 통합적으로

적용해야 한다는 것이다.

　결국 암은 면역체계의 기능이 떨어졌기 때문에 발생한 것이니 면역력을 높여주면 좋은 효과를 얻을 것은 명약관화한 일인 것이다.

③ 웃음은 만병통치약이다

　강남의 한 초등학교에서는 매일 아침 웃으면서 수업을 시작했더니 학생들의 성적이 눈에 띄게 올라갔다고 한다. 웃음의 놀라운 효과가 아닐 수 없다. 이러한 웃음의 효과는 촉각이 곤두서는 군대에서도 예외가 아니다.

　최근에 나는 전방 38철책선에 근무하는 약 250여 명의 헌병들과 그 가족들까지 모인 자리에서 웃음치료를 실시한 적이 있는데 정말 가슴 뿌듯한 자리였다. 장병들의 기가 느껴지는 함성 소리도 소리였지만 한창 젊은 나이인 그들의 웃음소리는 그야말로 힘이 넘쳤다.

한동안 군부대 내무반에서 구타사고와 성폭행 사건들이 발생했고 GP에서는 총기사고까지 일어났었는데 그런 와중에도 웃음치료를 실시했던 부대는 불미한 사고들이 현저하게 줄었으며, 특히 다른 부대에 비해 웃음치료를 자주하는 부대는 사고율이 거의 전무하다는 이야기를 군부대 관계자로부터 들었다. 뿐만 아니라 그러한 여세를 몰아 군부대 정문구호며 식당, 내무반 구호까지 온통 '웃자, 웃자'로 되어 있었다.

웃음이란 이렇게 사람을 바꾸고 사람의 생각을 바꾸며 행동을 바꾸는 신비한 것이다. 그야말로 신이 내린 최고의 선물인 것이다.

언젠가 어느 화장실에 들어가 보니 "남자가 흘리지 말아야 할 두 가지는?"이라는 문구가 있었다. 그리고 그 아래에는 눈물과 오줌이라고 적혀 있어서 한참 동안 웃었던 적이 있다.

그보다 더 수긍이 갔던 메모는 바로 그 옆 '성공의 지름길 20가지'였는데, 그 첫 번째가 '자주 웃는 일이다'라고 쓰여 있었다. 누구인지는 모르지만 웃음의 놀라운 효과와 결과를 체험해본 사람일 것이다.

레이먼드 히치코크는 '만일 그가 여전히 웃을 수 있다면 그 사람은 가난하지 않다.'라는 명언을 남겼으며 셰익스피어는 '그대의 마음을 웃음과 기쁨으로 감싸라. 그러면 1천 가지의 해로움을 막아주고 생명을 연장시켜 줄 것이다.' 라고 말했다. 웃기 때문에 부자이고, 웃기 때문에 1천 가지의 병을 막을 수가 있다니, 이렇게 쉬운 진리가 또 어디 있단 말인가?

나는 3년 전 대학의 교수직을 훌훌 벗어 던지고, 매주 1회씩 서울

역광장, 숭례문광장 등 길거리 무료특강과 매월 2박 3일 1회씩 웃음치료를 하러 다녔다. 그곳에서 말기 유방암 환우, 폐암이 뇌까지 전이된 환우, 20여 년 된 류머티즘 환우, 20여 년간 우울증, 불면증, 실어증으로 고생한 환우 등을 웃음치료로 낫게 한 경험이 있다.

내가 그들에게 웃음을 전파했다고는 하나 사실 진정한 웃음을 주었던 건 내가 아니라 바로 그들이었다. 이들은 지금도 내 홈페이지에 평생 감사하며 살겠다고 글을 올려놓는다.

그들이 나로 인하여 행복했다고 하지만 나야말로 그들이 있어 행복했었다. 웃음은 늘 그렇게 서로에게 기쁨과 기적을 안겨주는 즐거운 전염인자이다.

④ 웃으면 살이 빠진다

요즘처럼 외모에 신경을 쓰던 시대는 전에 없었던 것 같다. 최근 남녀노소를 불문하고 다이어트를 한번쯤 생각해보지 않은 사람이 없을 정도로 관심이 높아지고 있으며, 얼짱에 몸짱이라는 단어가 최고의 인기 키워드가 된 세상이다.

《워싱턴 포스트》지의 '웃어서 살을 빼라'라는 기사로 인하여 웃음다이어트 효과가 미국 전역에 알려지면서, 전세계적으로 3,000여 곳의 다이어트 학원이 생겨났다는 보도가 있었다.

그런데 이런 열망과는 달리 갖은 방법을 다 사용해도 다이어트는 잘 되지 않는 게 사실이다. 그나마 다행인 것은 최근 웃음을 통해 다이어트 효과를 보았다는 임상결과가 외국은 물론 국내에서도 많이 나오고 있다는 사실이다.

  한국웃음센터에서도 웃음치료사 2박3일 연수를 통하여 자격증 교육과 함께 다양한 병을 치료하고 있는데 웃음치료를 통한 연수 후, 2개월 만에 8kg이상을 뺀 여성이 있어서 한동안 화제였었다.

  이 정도의 수치면 기네스북에 올라갈 만하지 않은가 라는 생각이 들 정도다. 친구들도 몰라볼 정도로 체중을 감소했고, 몸매 관리를 위해 20년 이상 큰돈을 투자했어도 살빼기가 어려웠는데 웃음을 통해 이토록 간단히 해결했다니 기적과도 같은 일이다.

  그보다 더 주목할 만한 점은 웃음다이어트를 통해 체중만 줄인 것이 아니라 새로운 인생이 시작되었다는 것이다. 그녀는 지금 웃음치료 연수 후 3개월 만에 대학교, 보건소, 병원, 복지시설 등에서 교수로, 강사로, 프리랜서로 웃음치료 강연을 하고 있다. 웃음이 만병통치약이라고 하는데 과연 다이어트에도 효과가 있을까? 답은 예스다.

위의 사례와 같이 웃으면 정말 신기하게도 살이 빠진다.

⑤ 웃으면 장수한다

인간에게 있어서 죽음은 도저히 해결할 수 없는 문제임에 틀림없다. 죽지 않고 영원히 살 수 있는 사람은 하나도 없으니 말이다. 그렇다고 해서 인간이 불로장생하고 싶은 욕구까지 포기할 수는 없는 일이다.

미국 뉴욕대학교 의과대학장인 로이진 박사는 최근 논문에서 많이 웃으면 8년을 더 장수할 수 있다고 밝힌 바 있는데 늘 감사하고 긍정적인 삶의 태도를 가진다면 최소한 6년을 더 회춘할 수 있다고 덧붙였다.

우리에게 웃음의 천재로 널리 알려진 찰리채플린은 80세에 아이를 낳았고, 성경에 나오는 100세인 아브라함은 사라를 통해 그 나이에도 이삭을 낳았다. 이삭이라는 이름의 뜻이 '웃음'이라고 하니 더 재미있지 않은가 말이다.

그렇다면 모든 인간의 염원인 장수의 비결은 과연 무엇일까? 지름길이라도 있는 것일까? 장수의 비결이자 지름길은 우리 몸의 질병을 우선 다스려야하는 일이다. 그럼 질병은 어떻게 다스려야 하는가? 의료의 혜택을 받아야 하는 것은 물론이고 그보다 선행되어야 하는 일은 바로 웃는 일이다. 원광대 보건복지학부 김종인 교수팀이 전국의 100세 이상 노인 507명(남 44명, 여 463명)을 대상으로 장수 요인을 조사한 결과, 90%가 화를 내지 않고, 스트레스가 없는 낙천적 성격으로 평가됐으며, 이들 중 '매일 웃고 산다'고 답한 노인이 그렇지 않은 노인에 비해 26배 가량 많은 것으로 조사됐다. 이는 낙천적이고 잘 웃는 성격이 장수와 아주 밀접한 관계가 있음을 보여주는 아주 단적인 예라고 할 수 있겠다. 장수 이야기가 나왔으니 좀 더 젊게 사는 방법에 대해 짚고 넘어가자.

⑥ 웃으면 면역력이 증가한다

18년간 웃음의 의학적 효과를 연구해 온 미국의 리버트 박사는 웃음을 터뜨리는 사람에게서 피를 뽑아 분석해 보았더니, 암을 일으키는 종양세포를 공격하는 '킬러 세포killer cell'가 많이 생성돼 있었다는 실험결과를 발표한 바 있다.

결국 웃음이 인체의 면역력을 높여 감기와 같은 감염질환은 물론 암과 성인병을 예방해 준다는 것이다.

그렇다면 왜 웃음이 이처럼 면역기능을 높이는 것일까? 웃음은 아드레날린이나 노르아드레날린, 코티솔과 같은 스트레스 호르몬 분비를 감소시키는 역할을 한다. 이러한 사실이 가능한 이유는 웃음이 병균을 막는 항체인 '인터페론 감마'의 분비를 증가시켜 바이러스에 대한 저항력을 키워주며, 세포 조직의 증식에 큰 도움을 주기 때문인데 이는 사람이 웃을 때 통증을 진정시키는 '엔돌핀'이라는 호르몬이 분비됨으로써 비롯되는 것이다.

인간의 자율신경은 교감신경과 부교감신경의 길항상태에서 조절되고 있다고 말할 수 있다. 교감신경은 사람이 흥분한 상태에서 작용하는 신경이며, 부교감신경은 안정을 담당하는 신경이다.

이 두 신경이 만들어내는 자율신경이 우리 몸에 있는 세포들을 지배하며 백혈구도 마찬가지다. 그런데 교감신경이 우위에 놓이면 백혈구의 과립구가 증가하고, 부교감신경이 우위에 놓이면 백혈구의 림프구가 증가한다. 다시 말해 자율신경과 백혈구 사이에 어떠한 상관관계가 존재한다는 것이다. 이렇듯 우리 몸의 세포와 백혈구가 자율신경의 지배를 받는 것은 우리 몸의 보다 좋은 조건과 컨디션을 유지하기 위한 방어태세라고 보면 된다.

반대로 면역력이 떨어지는 이유는 고령이 되거나 에이즈 바이러스, 항암제 사용, 영양 결핍 등 다양한데 그중에서도 가장 치명적인 것은 마음의 평화가 깨지는 것이다.

인체가 만성적인 스트레스에 시달리게 되면 콩팥 옆의 부신에서 스트레스를 이겨내기 위해 아드레날린이나 코티솔 같은 호르몬을 분비하기 때문이다.

인간이 일생 동안 화를 한 번도 내지 않고 살 수는 없는 일이다. 신은 인간에게 기쁨과 행복을 주는 만큼 분노와 불행도 함께 배정해 주었기 때문이다. 앞서 말했듯이 웃음은 여러 가지 득을 가져다주지만 이와 반대로 화를 내면 영락없이 해를 가져다준다.

미국의 엘머 게이츠 박사는 오랜 연구 끝에 우울하거나 화를 낼 때 몸 안에서 독소가 만들어진다는 사실을 알아냈으며 화를 내고 있는 사람, 슬픔과 고통에 빠져 있는 사람, 후회로 괴로워하고 있는 사람, 기뻐하는 사람이 토해내는 숨을 각각 채취해 조사한 결과, 기쁠 때 분비되는 각성호르몬과 엔돌핀은 몸의 노화를 방지하고 활력을 준다는 사실을 밝혀냈다.

이밖에도 웃음은 베타 엔돌핀과 같은 진통완화 물질을 분비하는

데 이는 기분을 좋게 하며, 긴장감에서 해방시켜주는 기능을 하고 콜레스테롤이나 중성 지방 수치를 떨어뜨린다는 연구 결과도 있다.

건강해지고 싶다면 먼저 마음의 평화부터 얻고 미친 사람이라고 오해를 받을 정도로 무한정 웃어야 한다.

⑦ 웃으면 시험관수정 임신도 잘 된다

《타임》지는 시험관수정(IVF) 시술을 받는 여성들이 회복 과정에서 웃음 치료를 받을 경우 수정 성공률이 거의 두 배 가까이 올라간다는 연구 결과를 보도한 적이 있다. 또 이스라엘의 아사프 하로페 병원 연구진은 시험관수정 시술을 받는 불임여성 186명을 두 그룹으로 나눈 뒤 배아를 자궁에 이식한 직후 한 그룹에는 웃음치료를 제공하고, 다른 그룹에는 웃음치료를 제공하지 않았다고 한다.

그런데 정말 놀랍게도 전문 웃음치료사의 방문을 받은 불임여성의 시험관수정 성공률은 35.5%였고, 웃음치료사의 도움을 받지 못한 불임여성의 시험관수정 성공률은 그 절반 정도인 19.3%에 불과했다.

웃음이 그 고귀한 일에 지대한 역할을 한다니 정말 생명의 신비가 아니고 무엇이겠는가. 웃음의 효과란 실로 무한하고도 대단한 것임에 틀림없다.

⑧ 웃으면 힘이 세진다

힘이 비슷한 사람끼리 팔씨름을 시켜본다. 그리고 진 사람에게 박장대소와 요절복통으로 웃게 한다. 이때 혼자서 잘하지 않으면 리더를 따라하게 하여 웃게 한다. 그리고 다시 상대방과 팔씨름을 하게 한다. 그러면 쉽게 이길 수 있다. 웃는 강약에 따라 힘이 10~20% 정도 세어지기 때문이다. 특히 복부중심으로 웃게 해야 효과가 커진다.

역설적으로 옛날 우리 군대의 장수들은 적군들과 싸울 때 맨 먼저 사용했던 무기는 호탕한 웃음이었다. '하하하 가소롭다. 너희들이 우리를 넘봐! 우하하하하'하며 한바탕 큰 웃음소리로 상대방의 정신을 빼놓고 기선을 잡았다고 한다.

이와 같은 맥락으로 오링실험이 있다. 서로 가위바위보를 하여 진 사람은 엄지와 검지를 사용하여 고리를 만들어 힘차게 손끝에 힘을 주어 고리를 쥔다.

이때 이긴 사람은 그 고리를 자기 손가락으로 풀어본다. 대부분의 고리가 쉽게 풀릴 수도 있다. 간혹 힘이 센 상대방을 만나게 되면 최선을 다하여 그 고리의 느낌만 파악한다.

지금부터는 고리를 한 사람은 리더를 따라 크게 박장대소와 요절복통으로 웃는다. 그리고 바로 상대방에게 고리를 풀어보라고 한다. 대부분이 풀지 못할 것이다. 이유는 힘이 증가했기 때문이다.

⑨ 웃음은 뇌의 집중력을 향상시킨다

우리가 하루에 섭취하는 열량의 1/4이 뇌에서 사용된다. 뇌는 몸무게의 2%밖에 차지하지 않지만 뇌가 사용하는 산소의 양은 전체 사용량의 20%이다. 뇌는 우리가 섭취한 음식물의 20%를 소모하고 전체 피의 15%를 사용한다.

보편적으로 어린이는 7분, 중고등학생은 10분, 성인들은 15분 이

상 하나의 일에 집중하기가 힘들다고 한다. 그러나 웃음이 개입하면 이야기가 달라진다. 집중력이 높아지고 뇌 속에 알파파가 증가하여 집중력과 기억력, 기민성이 향상되기 때문이다. 또 산소공급이 2배로 증가하여 머리가 좋아지며 자신감이 생겨난다.

⑩ 웃으면 행복을 보장하고, 웃기면 성공을 보장한다

우리나라 사람 열 명 중 여덟 명(78%)은 우리 민족이 잘 웃지 않는 사람들이라고 생각한다는 조사를 읽은 적이 있다.

왜 우리나라 사람들은 웃는 표정에 그렇게 인색한 것일까? 하지만 실제로는 그렇지 않았다. 무엇보다 웃는 횟수 조사에선 한국인이 단연 앞섰다. 절반(50%)이 '하루 열 번 이상 웃는다.'고 대답한데 반해 중국은 39%, 베트남은 26%에 그쳤다.

한국인이 잘 웃지 않는 이유에 대해서 여론조사를 실시했더니 '나라 자체가 잘 웃지 않는 분위기 때문'(35%)을 가장 많이 꼽았다고 한다. 이어 직장, 사회생활과 관련된 스트레스(18.4%), 사회가 각박해지고 있어서(15.5%) 등의 순이었다.

하지만 웃지 못하는 이유에 대해서 우울하고 각박한 분위기 탓만 하고 있을 일은 아니다. 주위 환경이 도와주지 않으면 우리 스스로라도 나서서 노력해야 할 일이기 때문이다.

우리나라 국민은 한국, 중국, 베트남 세 나라 중에서 웃으려고 노력하는 부분에 있어서는 꼴찌였다. 거울을 보며 미소 짓는 연습을 한다,는 사람이 우리나라에선 열 명 중 세 명(28%)이었지만 중국은 네 명(39%), 베트남은 절반 정도(49%)에 달했다.

최근에는 카메라폰이나 디지털 카메라를 많이 소지하게 되면서 우리나라 사람들의 미소가 한결 좋아졌다는 생각이 든다. 좋은 현상이다. 사진을 찍기 위해서든 그렇지 않든 얼굴에 웃음을 머금고 있다는 자체는 누가 뭐래도 좋은 모습인 것이다.

얼마 전 국제청소년센터에서 웃음치료사 양성 프로그램이 있었는데 수강생들의 웃음소리를 듣고 밖에서는 사이비 종교 집회인 줄 알았다고 한다. 그냥 웃는 것도 아니고 손뼉을 치고 양손을 벌린 채 하늘을 향해 박장대소하며 기차 화통을 삶아 먹은 듯이 "푸하하하"거리니 왜 그렇게 생각하지 않았겠는가.

이날 수강생은 모두 40명. 지역, 직업, 연령대도 모두 달랐다. 수능시험을 치른 여고생부터 머리 희끗한 일흔 노인까지. 레크리에이션 강사, 모유수유센터 직원, 출장 핑계대고 참가한 사내 입담꾼, 휴가

내고 몰래 왔다는 현역 여군, 목사님 손에 이끌려온 우울증 환우, 부산서 차를 몰고 올라온 일가족 등등.

이렇게 이유도, 모습도 각양각색인 수강생들이었지만 목적은 오로지 한 가지 무작정 웃는 것이었다. 특히 눈에 띄는 점은 무뚝뚝하기로 소문난 경상도 출신이 수상생의 절반을 차지했다는 점이다.

편해지기 위한 웃음치료

"웃음치료의 목적은 단지 웃는 것에 그치지 않고 웃음을 통해 심연의 분노를 끄집어내는 데 있다."

그렇다면 과연 웃음치료의 효과는 어느 정도일까? 아마 믿기 어려울 것이다. 2박3일 합숙기간 동안 우울증, 불면증, 만성류머티즘, 허리디스크 등이 낫는가 하면, 이후 체중이 7~10kg 가량 감소되거나 교통사고로 오른팔을 못 쓰는 장애인이 팔을 움직이기도 했다. 이 정도면 만병통치약 수준이다. 두 눈으로 지켜보면서도 나 자신이 놀라울 정도였다.

합숙이 끝날 무렵 엔딩부분에서는 회환과 반성, 열등감이 사라지고 자신감 회복 등으로 수강생 대부분이 눈물을 흘린다. 그리고 모두 입을 모아 '새로 태어나는 느낌'이라는 말을 한다.

웃음치료는 특히 응어리가 많은 명퇴자들의 심리 치료에 탁월하다. 이것은 만병의 근원인 스트레스를 없애고 면역향상 등 질병치료에 웃음을 접목한 일종의 대안의학이기 때문에 가능한 일이다.

충주에서 올라온 김○○(70.임대업)씨는 이번 치료과정이 두 번째다. 사업에서 얻은 스트레스가 우울증으로 번져 오랫동안 정신과 상담과 약에 의존하던 그가 웃음치료를 접한 것이 한 달 전이었는데, 집으로 돌아가 첫 강의에서 배운 대로 억지로라도 웃었다고 한다. 그러면서 점점 얼굴 표정에서 그늘이 사라지고 우울증이 급격히 호전되었다. 물론 무턱대고 웃으면 이상한 사람 취급받을까봐 차안에서 크게 웃거나 화장실에서 조용히 웃었다고 한다.

내가 웃음바이러스를 전파하면서 가장 보람으로 여기는 일 중에 하나는 김 씨와 같은 사람을 만나는 일이다. 치료효과를 높이려면 김 씨처럼 자신을 버리고 유치하고 과장되게 웃는 게 좋다. 그야말로 웃음에 미쳐야 한다는 말이다.

어떻게 웃어도 상관은 없지만 이왕이면 양팔을 크게 벌리고 얼굴을 움직이면서 배가 아프도록 소리 지르며 온몸으로 웃어야 최고의 보약이 된다.

"여러분, 웃음을 믿습니까?"

"믿습니다. 푸하하하."

"웃음은 만병통치약입니다. 하지만 한국 사람들은 건강에는 애착이 강하면서 웃음에는 인색합니다. 현재 전 세계적으로 웃음치료가 활발히 확산되고 있습니다. 기업에서도 펀 마케팅을 추구하는 것은 웃어야 하는 시대가 왔기 때문입니다. 성공의 첫 번째 지름길은 자주 웃는 것입니다. 아하하하~."

항상 나는 내 앞에 서 있는 모든 사람들에게 이렇게 말을 하고 웃음을 전파한다. 그리고 확신한다. 사람들이 웃음치료를 통해 세상 그

누구보다 즐겁고 행복하다는 것을 느끼게 될 것이며 예전에 느끼지 못했던 기쁨과 감동을 얻게 될 것이라고.

우리가 웃지 못하는 것은 마음속에 웃음과 감사함이 없어서 그렇다. 하지만 이제는 웃으니까 감사하고, 감사하니까 웃는 삶을 한번 살아보도록 하자. 정말 거짓말처럼 세상이 바뀔 것이다.

잘 웃는 법

웃을 때는 가능한 한, 온몸으로 특히 오장육부로 웃어야 한다. 허리가 끊어지고 배가 아플 때까지 웃는 요절복통과 박장대소, 폭소는 제일 훌륭한 웃음이다. 이렇게 웃을 때 잡념이 사라지고, 긴장도 해소되어 스트레스가 사라진다. 그리고 혈류량이 증가하여 성인병 예방에 탁월하며, 혈액순환을 도와주며 질병에 대한 면역력도 길러 준다.

1987년 코간 박사는 '행동의학'이라는 저널의 '불편을 느낄 때 소리 내는 웃음의 효과' 라는 논문에서, 소리 내서 웃는 것은 통증의 고통을 없애준다고 발표했다. 크게 소리를 내서 웃으면 통증을 느끼는 신경계를 마비시켜 주는 진통제 엔케팔린과 엔돌핀이라는 2개의 신경 펩타이드의 분비가 촉진되는데 이것은 통증을 억제하는 호르몬이기도 하다.

　　간혹 웃을 때 생기는 주름 때문에 걱정하는 사람들이 있다. 하지만 그런 것은 걱정하지 않아도 된다. 다 웃고 나면 사라지는 얕은 주름이기 때문이다. 하지만 화를 낼 때 생기는 주름은 깊고 딱딱하고 강해서 오랫동안 남게 된다. 특히 이마 가운데 추미근이 생겨 보기 싫은 주름이 만들어진다.

웃음연습을 처음하게 되면 머리가 아프고 어지럼증이 오고 평소 사용하지 않던 얼굴 근육이 아플 수도 있는데 여러 번 반복하다 보면 나중엔 아프지 않게 된다. 뿐만 아니라 소리 내서 웃는 것은 유산소 운동이라서 윗몸통, 폐, 심장, 어깨, 팔, 복부, 횡격막, 다리 등 모든 근육이 움직이는 효과도 누릴 수 있다.

그렇기 때문에 우리는 억지로라도 웃을 필요가 있다. 오른손에 신과일(레몬, 석류, 자두)이 있다고 가정하고 실제처럼 한입 먹어보자. 그러면 바로 침이 고인다. 생각만 해도 침이 계속 나오게 되어 있다. 이처럼 우리 뇌는 실제로 먹지 않아도 상상만으로도 침이 나오게 되어 있다.

지금 여러분의 뇌를 주먹으로 살살 때려보라. 정말로 우리 뇌는 골 때린다. 하하. 이처럼 억지로라도 한번 웃어보라. 바로 마음도 웃음으로 바뀔 것이다. 요즈음 우리 국민들, '웃을 일이 있어야 웃지.'라고 말하지만 우리가 웃을 일만 찾아 웃는다면 영원히 웃음을 잃어버릴지도 모른다. 힘들어도, 부족해도, 아파도 일단 한번 웃어보라. 그러면 바로 해결되고 치료되는 일도 의외로 많다. 그래서 웃음은 만병통치약이라고 말하지 않았던가.

나는 억지로 2초만 웃어도 눈가에 눈물이 고인다. 이 눈물은 너무 기뻐서 나온 눈물이다. 웃음도 훈련이 필요하며 마음먹기에 달려있다. 그러므로 억지로 웃는 것도 실제로 웃는 것과 똑같은 효과가 있는 것이다.

미국 UCLA대학교 통증치료소 데이빗 브레슬로우박사는 통증이 심한 환우들에게 1시간에 2회씩 거울을 보고 웃게 하였는데, 억지로 웃는 환자들에게도 효과가 있었다고 한다.

크게 웃는 억지웃음도 90% 효과가 있다는 게 사실로 증명된 셈이다. 정말로 웃던, 억지로 웃던 간에 효과는 반드시 있다는 결론이다.

미국 펜실베이니아 대학 마틴 셀리즈맨 교수도 《학습된 낙천가》라는 저서에서 96명을 면밀히 조사한 결과, 비관적인 사람으로 분류된 16명 중 15명이 사망했으며 낙천적인 16명은 5명만이 죽은 것으로 나타났다고 밝혔다.

그것이 어떤 웃음이던 간에 웃음은 바이러스처럼 강한 전파력이 있기 때문에 다른 사람의 마음까지도 즐거운 기분으로 바꿀 수 있는 파워를 가지고 있다.

가능하면 혼자 웃는 것보다는 여럿이 웃자. 여럿이 웃으면 혼자 웃는 것의 33배의 효과가 있다. 눈물이 나고 배가 아프고, 얼굴이 빨개지고, 콧물을 흘리더라도 참을 필요가 없다. 손뼉을 치며 발을 구르며, 양팔을 하늘 위로 벌려 큰소리로 한번 웃어보라. 세상이 편해 보이고 불가능한 일이 없어진다.

이기는 펀 리더십

2008년 08월 01일 초판 1쇄 인쇄
2008년 08월 05일 초판 1쇄 발행

지은이_한광일
펴낸이_임종관
펴낸곳_미래북
신고번호_제302-2003-000326호
주 소_서울특별시 용산구 효창동 5-421호
전 화_02-738-1227
팩 스_02-738-1228
이메일_miraebook@hotmail.com

표지 본문 디자인_김왕기
본문 삽화_김행용

ISBN 978-89-92289-13-9 03320